Umschlag der Ausgabe des Österreichischen Agrarverlages:
Titelbild und Freisteller: Hans Reinhard, Heiligkreuzsteinach
Umschlagrückseite: Wolfgang Redeleit, Bienenbüttel

Umschlag der Ausgabe des Eugen Ulmer Verlages:
Titelbild: Hans Reinhard, Heiligkreuzsteinach. Kleines Foto, oben: Peter Himmelhuber, Regensburg. Kleines Foto, Mitte: GBA/John Glover, Au in der Hallertau. Kleine Zeichnung: Elisabeth Fritsche, Wien. Umschlagrückseite: Wolfgang Redeleit, Bienenbüttel.

Alle Angaben in diesem Buch wurden gründlich geprüft und recherchiert. Für die Richtigkeit der Angaben wird dennoch keine Haftung übernommen.

Impressum

Die Deutsche Bibliothek - CIP-Einheitsaufnahme
Ein Titelsatz für diese Publikation ist bei Der Deutschen Bibliothek erhältlich.

Lektorat: Veronika Schubert, Österreichischer Agrarverlag
Korrektorat: Bettina Jakl-Dresel
Umschlaggestaltung: Atelier Reichert, Stuttgart
Grafische Gestaltung & Satz: Dominici Werbeagentur GmbH, Leopoldsdorf (Österreich)
Illustrationen: Elisabeth Fritsche
Printed in Germany
Druck und Bindung: aprinta GmbH, Wemding

ISBN (Österreich): 3-7040-1634-9
ISBN (Deutschland): 3-8001-3136-6

Gregor Dietrich • Katharina Galbavy

Bunte Hecken und grüne Grenzen

Verlag Eugen Ulmer
Österreichischer Agrarverlag

Inhaltsverzeichnis

Inhaltsverzeichnis

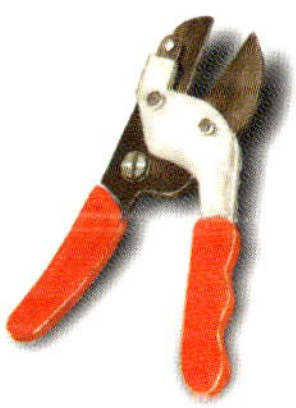

Abgrenzung

und Schutz durch Hecken

Hecken gibt es schon lange. Natürlich kommen sie am Rande jedes Waldes vor, vom Menschen werden sie seit Jahrhunderten als Abgrenzung und Schutz verwendet.

Die Verwendungsmöglichkeiten reichen von der Grundstücksabgrenzung über niedrige Beeteinfassungen bis hin zu mächtigen Abpflanzungen als Wind- und Lärmschutz.

Was ist eine Hecke?

Die natürliche Hecke ist ökologisch gesehen ein schmaler Gehölzgürtel, sozusagen der Rumpf eines Waldes. Um das zu erklären, müssen wir den Aufbau eines Waldes näher betrachten. Und zwar nicht das Innere des Waldes, sondern dessen Ränder. Der Übergang zwischen Wald und Wiese ist kein kontinuierlicher, sondern besteht aus Gürteln. Während der Waldtyp für die Betrachtung der Hecke uninteressant ist, sind die drei äußeren Gürtel von größtem Interesse.

Vom Wald auswärts finden wir zunächst den inneren Waldmantel. Dieser besteht aus Jungbäumen des jeweiligen Waldtyps. Außerdem befinden sich dort Pionierbäume, wie Birke oder Zitter-Pappel. Es handelt sich also um jene Zone, die der Wald gerade zu erobern beginnt.

Der äußere Waldmantel besteht aus noch jungen Pionierbäumen und älteren, schon absterbenden, Licht liebenden Sträuchern.

Zur Wiese hin befindet sich ein Übergangsgürtel, der Saum, der innen aus größeren Sträuchern, außen aus niedrigen Jungsträuchern besteht. Außerdem ist der Saum reich an Stauden, also nicht verholzenden, langlebigen Pflanzen. Einen inneren und äußeren Saum zu unterscheiden ist aber nicht sinnvoll, da die Sträucher des Saumes meistens Ausläufer treiben und somit ein kontinuierlicher Übergang zwischen den inneren und äußeren Teilen besteht.

Wenn wir also den Wald in der Mitte wegnehmen, bleiben uns für die Hecke ein

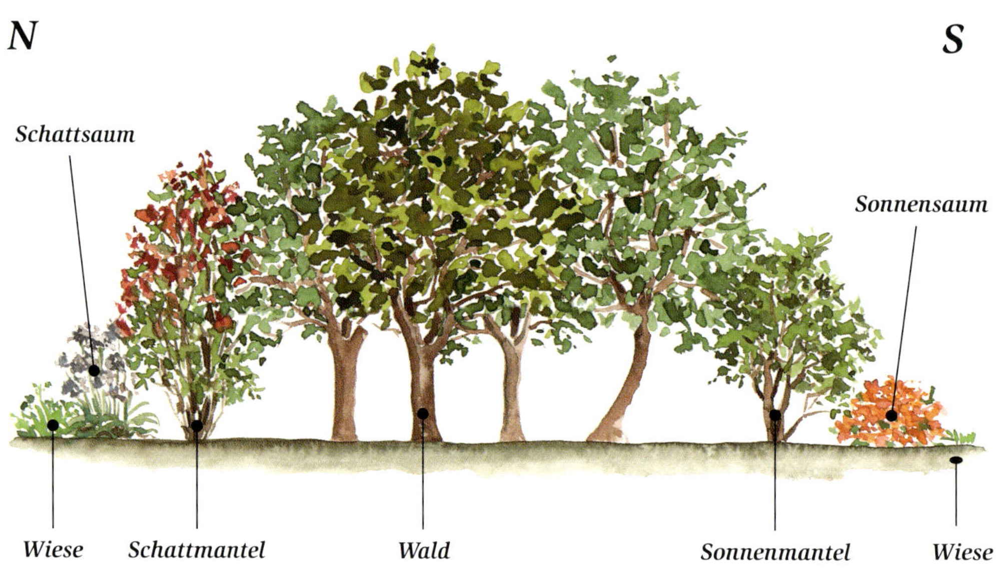

Natürliche Hecken findet man entlang von Wäldern. Sie sind uns als Säume und Mäntel bekannt.

äußerer Mantel und ein Saum übrig. Zumeist soll eine Hecke schmal, aber trotzdem hoch und dicht sein. Das heißt, auch der Saum wird gekappt. Dabei stoßen wir auf ein Problem: Die Gehölze des Mantels sind gewöhnt, nur von einer Seite Licht zu bekommen. Je nach Exposition kommen im Waldmantel andere Straucharten vor. Für eine ungeschützte Hecke bleiben uns nur die Sträucher, die in der Natur südseitige Mäntel bilden.

Wo ist eine Hecke einsetzbar?

Verwendet werden Hecken traditionell zur Begrenzung von Grundstücken beziehungsweise zur Trennung verschieden genutzter Bereiche. Heute steht dabei der Sichtschutz, also der Schutz der Intimsphäre im Vordergrund. Früher jedoch überwog der praktische Nutzen. Auch heute werden in der Landwirtschaft wieder verstärkt Windschutzgürtel angelegt. Im Sinne des Naturschutzes sollte den Hecken im Windschutz mehr Aufmerksamkeit geschenkt werden. Bei der Begrenzung von Gärten sollten naturschützerische Belange ebenfalls nicht außer Acht gelassen werden. Denn Hecken können einerseits Lebensraum für viele Nützlinge sein, die den Gifteinsatz im Garten vermindern helfen, andererseits aber auch Ausgangspunkt für aggressive pflanzliche Neubürger (Neophyten), die den Haushalt der Natur schwer beeinträchtigen können.

Diese junge Naturhecke wird noch von Hochstauden dominiert.

Geschichte der Hecken

In der Natur gibt es Hecken schon wesentlich länger, als der Mensch auf Erden weilt. Eine natürliche Hecke ist der bereits eingangs beschriebene Waldsaum. Auch an verschiedenen Extremstandorten, an Flussufern oder Geländeabbrüchen waren es oft strauchförmige Gehölze, die einen natürlichen Saum bildeten.

Als der Mensch mit dem Ackerbau begann, blieben nach Rodungen Gruppen von Sträuchern übrig – auch heute noch kann man diese ökologisch und auch optisch überaus wertvollen Gehölzgruppen in vielen Feldrainen sehen. Hecken gibt es also schon sehr lange und doch dürfte es noch einige Zeit gedauert haben, bis Menschen bewusst Hecken angelegt haben.

England, das Heckenland …
Im Südosten Großbritanniens gab es bereits vor den Römern Wallhecken, die aus eingerammten Pfählen und Flechtwerk aus Lianen und Ästen bestanden. Durch Wind und Vögel wurden an diese Stellen Samen verschiedenster Wildsträucher gebracht, die im Schutze der Flechtzäune optimal wachsen konnten und so die ursprünglich toten Wallhecken in grünende und blühende, lebendige Hecken verwandelten.

Viele Jahrhunderte später waren Hecken längst zum „Muss" vor allem für Gutsherren geworden, die eigene „Heckengärtner" beschäftigten. Wichtigste Pflanze für diese Hecken war der Weißdorn, der in England auch

heute noch zu den häufigsten Landschaftssträuchern zählt. Auch geschnitten wurden die Hecken damals bereits, denn die Pflanzen durften nicht höher als mannshoch werden, sodass sie zu Pferd noch zu übersetzen waren.

Barocke Schnitthecken

Die Hochblüte der geschnittenen Hecken fand im Barock statt. Zu den streng geometrisch angelegten „Französischen Gärten" passten streng geschnittene Gehölze in jeder Höhe und Form. Niedrige Buchshecken wurden zu kunstvollen Ornamenten gestaltet, deren Wirkung durch bunten Kies noch verstärkt wurde. Meterhohe Ahornhecken bildeten andererseits die Seitenwände sogenannter „Grüner Zimmer", die mit ausgeschnittenen Fenstern und Türen teilweise tatsächlich wie geschlossene Räume wirkten. Auch sehr beliebt waren damals Labyrinthe und Irrgärten, für die meterweise geschnittene Hecken, zumeist aus Eiben, verwendet wurden.

Bäuerliche Kultur

Typisch seit Jahrhunderten sind niedrig gehaltene Buchshecken als Einfassung für den Bauerngarten, einem fröhlichen Gemisch aus Nützlichem, in erster Linie verschiedensten Gemüsearten, und Schönem in Form von üppig bunten Blumen.

Hecken heute …

Die Notwendigkeit für einen weiteren Verwendungsbereich für Hecken hat erst das 20. Jahrhundert gebracht. Hecken werden heute vielfach als Sicht- und Lärmschutz an stark befahrenen Straßen, speziell an Autobahnen, verwendet.

Hierfür sind besonders robuste Pflanzen nötig, die auch eine starke Schadstoffbelastung der Luft sowie eine Schwermetall- und Salzbelastung des Bodens ertragen können.

Meterweise streng geschnittene Eibenhecken wurden für barocke Gärten verwendet.

Die Hecke als Apotheke

Eine Funktion der Hecke wird seit langem übersehen: die der Apotheke. Unter den Sträuchern gibt es einige Arten mit Heilwirkung.

Dabei ist aber dringend zu beachten, dass auch Heilpflanzen Medikamente sind, die nicht ohne Fachwissen angewandt werden sollen und in einigen Fällen bei Überdosierung zu akuten Vergiftungen oder auch zu länger anhaltenden gesundheitlichen Schäden führen können.

Wichtiger als Gehölze sind Stauden als Heilpflanzen. Einige davon fühlen sich im Schatten der Hecke wohl, andere sind Saumpflanzen.

Esche
(Fraxinus excelsior)
Die Blätter wirken als Tee harntreibend und daher stoffwechselaktivierend beim rheumatischen Formenkreis (bei rheumatischen Gelenks- und Muskelschmerzen, Arthrosen, Gicht, etc.).

Faulbaum
(Frangula alnus)
Einjährig gelagerte Rinde wird in Form von kurz aufgekochtem Kaltauszug als Abführmittel verwendet. Zu frische Rinde erregt Brechreiz.

Nicht ohne ärztliche Indikation verwenden! Abführmittel können bei Verwendung über einen zu langen Zeitraum die Gesundheit des Darmtraktes bleibend verschlechtern!

Heckenrosen-Verwandtschaft
(*Rosa canina*-Gruppe)
Hagebutten wirken immunstimulierend. Daneben wirken sie mit Samen als Tee verwendet wassertreibend. Verwendet wird ein Tee aus frischen oder getrockneten Früchten oder wenig gezuckertes Mus.

Kreuzdorn
(Rhamnus cathartica)
Beeren wirken als kurz aufgekochter Kaltauszug oder als Sirup abführend.

Nicht ohne ärztliche Indikation verwenden! Eine Überdosierung führt zu Brechdurchfall.

Schlehdorn
(Prunus spinosa)
Ein Tee aus Blüten wirkt blutreinigend und darmmobilisierend.

Schwarzer Holunder
(Sambucus nigra)
Die Blüten stärken Abwehrkräfte. Sie werden als Aufguss verwendet. Der Saft der Beeren wird als Schmerzmittel mit Portwein (20 g Saft mit 10 g Portwein) eingenommen.

Silber-Weide
(Salix alba)
Ein kurz abgekochter Kaltauszug der Rinde wirkt schmerzstillend und fiebersenkend. Die entzündungshemmende Wirkung macht sie auch zum wichtigen Rheumamittel.

Vogelbeere
(Sorbus aucuparia)
Kompott oder Marmelade wirken mild abführend. Zum frischen Gebrauch eignen sich nur bitterstofffreie Sorten.

Wacholder
(Juniperus communis)
Stark harntreibend, unterstützend bei Hautleiden, Rheuma, äußerlich bei Gelenksschmerzen. Verwendet wird ein Tee aus Scheinbeeren, eingedickter Saft oder 5%iges Öl, alles äußerlich. Bei exzessivem Gebrauch, wie von Kneipp empfohlen, zerstört er das Nierenparenchym.

Weißdorn
(Crataegus laevigata, C. monogyna)
Ein Kaltauszug aus Blüten und Früchten kräftigt das Altersherz und verbessert die koronare Durchblutung. Nach Krankheiten ist die herzstärkende Wirkung ebenfalls von Vorteil. Auch eine abführende Wirkung ist zu beobachten.

Zitter-Pappel
(Populus tremula)
Die Blätter werden als Tee zubereitet gegen Prostatabeschwerden verwendet.

► *Der Holunder ist eine der wichtigsten Heilpflanzen unter den heimischen Gehölzen.*

Der Biotop Hecke

Des öfteren hört man von Vogelfreunden Hasstiraden gegen Katzen, Elstern und sonstiges „Raubzeug", das angeblich am Schwinden des Singvogelbestandes Schuld sein soll. Tatsächlich können hohe Katzen- oder Eichhörnchendichten dem Vogelbestand arg zusetzen, aber Beutegreifer und Eierfresser sind ein geringeres Problem als Lebensraumverlust. Bei einer Diskussion stellte das ein Vogelfreund in Abrede, da er doch Nist- und Futterkästen anbrächte. Doch Singvögel brauchen auch im Sommer Futter, und zwar ausschließlich Insekten zur Jungenaufzucht und vitaminreiche Beeren später im Jahr. Die Thujenhecke des Diskussionspartners bietet nicht nur weder Insekten Nahrung noch verwertbare Früchte für Vögel, sondern vertreibt auch viele Insekten von durchaus verwertbaren Pflanzen der Umgebung. Zudem ist inzwischen festgestellt worden, dass der Geruchsinn der Vögel besser entwickelt ist, als man angenommen hatte, was wohl mit ein Grund ist, warum nur selten in Thujen gebrütet wird.

Wie den Vögeln fehlt auch vielen anderen Tieren Lebensraum. Wir bemerken das allerdings nur bei den uns sympathischen Tieren, wie eben Vögeln oder Schmetterlingen. Auch eine andere nur aus einer Art bestehende Hecke hilft da nicht viel, wenn auch die Artenfülle größer ist als in Thujenhecken. Gesetzt den Fall, jemand würde eine Holunderhecke anlegen, so fänden 62 Vogelarten in den

Die Alpen-Rose beherbergt wie auch andere Wildrosenarten eine Vielzahl an Insekten und ihre Hagebutten sind für Mensch und Tier von Wert.

schwarzen Steinfrüchten Nahrung. Im Winter aber müssten sie hungern. Hier kann die Vogelbeere helfen, die von 63 Vogelarten gefressen wird. Um zur Brutzeit ein möglichst großes Spektrum an Insekten zu haben, sind Wildrosen zu empfehlen. Aus diesem Grund ist Vielfalt wichtig.

Bunte Hecken allein haben im Sinne des Naturschutzes schon eine wichtige Funktion, aber was für Hecken gilt, gilt auch insgesamt: Vielfalt ist angebracht. Teiche, Komposthaufen, freie Erdstellen und

Raupen fressen selektiv an bestimmten Pflanzen. In der gemischten Hecke werden sie daher nicht schädlich.

Der Sommerflieder oder Schmetterlingsstrauch ist ein Exot, aber dennoch ein wichtiger Nektarlieferant für unsere heimische Tierwelt.

viele andere Strukturen stellen ebenfalls wichtige Lebensräume und Lebensraumteile dar, die erst im Verbund ihre volle positive Wirkung entfalten können. Je mehr unterschiedliche Strukturen in einem Garten und seiner Umgebung zu finden sind, desto ausgeglichener wird das Verhältnis zwischen Schädlingen und Nützlingen sein. Natürlich ist ein einzelner Garten meist nicht groß genug, alle möglichen Biotope zu schaffen. Man wird daher auch in die Nachbarschaft schauen.

Nahrung für Vögel

Aber zurück zur Hecke. Wie erwähnt, bieten unterschiedliche Gewächse unterschiedlichen Tieren Nahrung. Das beginnt schon bei den Blattläusen, bei denen es Nahrungsspezialisten gibt, die nur auf einer bestimmten Pflanzenart vorkommen, oder die einen Generations- und Wirtswechsel durchmachen. Genauso gibt es die sogenannten Ubiquisten mit einem breiten Nahrungsspektrum.

Deutlich merkbar werden unterschiedliche Nahrungspräferenzen bei den Vögeln: Spitzenreiter unter deren Futterpflanzen ist die Vogelbeere (63 Arten), gefolgt vom Schwarzen Holunder (62 Arten). Die auf Platz drei stehende Vogel-Kirsche bietet nur mehr 48 Vogelarten Nahrung.

Wichtig ist auch der Vergleich zwischen heimischen und exotischen Arten: Fällt die Gemeine Berberitze ins Nahrungsspektrum von 19 Vogelarten, sind es bei der exotischen Blut-Berberitze nur 7 Arten, die sie nutzen können. Beim heimischen Berg-Ahorn und dem amerikanischen Eschen-Ahorn steht es 20 : 4, Roter versus Gelbholziger Hartriegel 24 : 2, Gemeine Hasel vs. Baum-Hasel 10 : 3, Ein- und Zweigriffeliger vs. Blutroter Weißdorn 32 : 1, etc. Es handelt sich bei den fremdländische Gehölze nutzenden Arten wieder um die Ubiquisten, wie Spatzen, Amseln oder Tauben. Damit wird bestätigt, was schon die Spatzen von den Dächern pfeifen: Heimische Arten sind zu bevorzugen.

Exoten verboten?

Nun ist ein Garten aber keine unberührte Natur, sondern vom Menschen nach seinem Gutdünken gestaltet. Und wer möchte schon auf exotische Ziergehölze verzichten? Muss auch nicht sein! Denn auch vielfältige Exoten bieten einigen Arten Lebensraum. Und nichts spricht dagegen, Exoten und Heimisches zu verbinden.

Oft sind die Grenzen ohnehin fließend. Die im östlichsten Ostösterreich vom Aussterben bedrohte Zwerg-Mandel ist schon östlich von Wien ein Exot. Viele Exoten werden mittlerweile für heimisch gehalten, wie das Schadholz Robinie (Falsche Akazie). Zwei Punkte sollten beachtet werden, will man einen Beitrag zum Naturschutz leisten: Invasive Arten, die aus dem Garten entkommen können und sich rasant ausbreiten, sollten nicht gepflanzt werden. Diese Tatsache ist im Voraus oft nicht zu beurteilen. Zweitens sollte der Anteil an Exoten nicht zu hoch sein. Hier Prozentangaben zu nennen wäre unseriös, sind doch sowohl unterschiedliche Exoten wie diverse heimische Gehölze verschieden wertvoll für ihre Umwelt.

Schmetterlinge

Nicht nur Exoten bieten weniger Lebensraum als heimische Gehölze, auch Wildsträucher am falschen Standort können nicht optimal genutzt werden. Die Ausrichtung ist nicht unwesentlich. Steht eine Sal-Weide *(Salix caprea)* in der Hecke, so erwartet der Schmetterlingsfreund sehnlichst die Raupen des seltenen Großen Schillerfalters. Die wird er jedoch nur dann finden, wenn der Strauch in schattiger, kühler, luftfeuchter Lage steht, also nord- oder nordostseitig einer Mauer oder eines Baumbestandes (Schattmantel).

Bei Einzelstellung hat man allerdings auch hier keine Chance, nur in einer Hecke legt der rare Falter seine Eier.

An abends besonnten Zweigspitzen der Zitter-Pappeln eines Sonnenmantels (S- bis SW-Ausrichtung) findet der Kleine Schillerfalter ideale Bedingungen, in intermediären Säumen (W- oder O-Ausrichtung) nutzt der extrem seltene Große Eisvogel diese Baumart.

Tagpfauenauge (Brennnessel, feuchter Sonnenmantel)

Landkärtchen (Brennnessel, Schattmantel)

Kleiner Fuchs (Brennnessel, Sonnensaum)

Gestaltung einer Hecke

Ganz gleich, ob Sie sich eine streng geschnittene Buchshecke oder eine bunte Blütenhecke wünschen, die richtige Planung erspart Ihnen viel Arbeit.

Bevor Sie in der Baumschule hübsche Sträucher erwerben, sollten Sie genau wissen, wie viele Exemplare Sie von jeder Art brauchen und wie Sie die verschiedenen Pflanzen kombinieren wollen.

Planung einer Hecke

Die große Frage bei der Planung einer Hecke lautet stets: Wie dicht sollen die Pflanzen beieinander stehen? Um diese Frage beantworten zu können, muss man sich zunächst über seine eigenen Wünsche klar werden. Das Problem ist die langsame aber stetige Breitenentwicklung der Gehölze. Möchte man eine Hecke, die sehr rasch dicht schließt, muss man die Pflanzen so eng setzen, dass sie sich innerhalb weniger Jahre gegenseitig im Wachstum behindern. Pflanzt man sie hingegen so, dass sie auch noch in 20 Jahren ausreichend Platz haben, so wird es zunächst recht lange dauern, bis der Eindruck einer schön geschlossenen Hecke entsteht. Vor allem bei frei wachsenden Hecken sollte man dennoch zu letzterem tendieren, schließlich sollen ja die individuellen Wuchsformen der einzelnen Pflanzen zur Geltung kommen.

Klassische Hecke

Bei einer streng geschnittenen monospezifischen Hecke hingegen wird deutlich dichter gepflanzt, hier ist ja das rasche und dichte Zusammenwachsen der Pflanzen das vorrangige Ziel. Bei geschnittenen Hecken hat man zwei Methoden zur Auswahl. Man kann die Pflanzen entweder genau linear setzen oder versetzt, jede zweite Pflanze aus der Reihe. Das hat den Vorteil, dass die Hecke breiter und voluminöser wird. Allerdings dauert es bei dieser Methode länger, bis sich das Bild einer geschlossenen Hecke ergibt, da die Pflanzen ja viel mehr zusammenwachsen müssen, bis sie eine Einheit bilden. In einem kleinen Hausgarten wird man üblicherweise eine geradlinige Pflanzung wählen, sonst wird die Hecke auch zu wuchtig.

Wunschhecke skizzieren

Wenn Sie die grundlegenden Überlegungen abgeschlossen haben, sollten Sie Ihre Hecke einmal kurz skizzieren. Zeichnen Sie die gewünschten Gehölze in der Größe, die sie einmal haben sollen, ein. Angaben darüber finden Sie in jedem Baumschulkatalog. Dort werden in der Regel Hinweise gegeben, wie dicht gepflanzt werden soll. Wie eingangs erwähnt, wird das Maß aber variieren, je nachdem welches Ergebnis gewünscht ist. Als Faustregel gelten ein bis eineinhalb

Ein Plan lässt erkennen, wie viele Pflanzen für die Hecke benötigt werden.

Meter Abstand bei frei wachsenden und 30 bis 60 cm Abstand bei formierten Hecken.

Wichtig ist auch, einen entsprechenden Abstand vom Zaun bzw. von der Grundstücksgrenze einzuplanen. Er sollte mindestens 1 m betragen, damit die Pflanzen nach allen Seiten hin gleichmäßig wachsen können.

Bei frei wachsenden Hecken aus großen Sträuchern entsprechend mehr Platz lassen!

Achten Sie bei einer gemischten Hecke darauf, immer mehrere Stück von jeder Art zusammen zu pflanzen. Es mag zwar auf den ersten Blick verlockend wirken, von jeder der vielen wunderschönen Gartenvarietäten eine im Garten zu haben, in natura würden Sie mit diesem Anblick aber kaum zufrieden sein – ein buntes Durcheinander, in dem keine der verwendeten Pflanzen so richtig zur Geltung kommt.

Anhand Ihrer Skizze können Sie einfach ersehen, welche Gehölze in welcher Stückzahl benötigt werden. Mit der so erstellten Einkaufsliste erhalten Sie in Ihrer Baumschule schnell die richtigen Pflanzen.

Geradlinige oder wechselweise Pflanzung

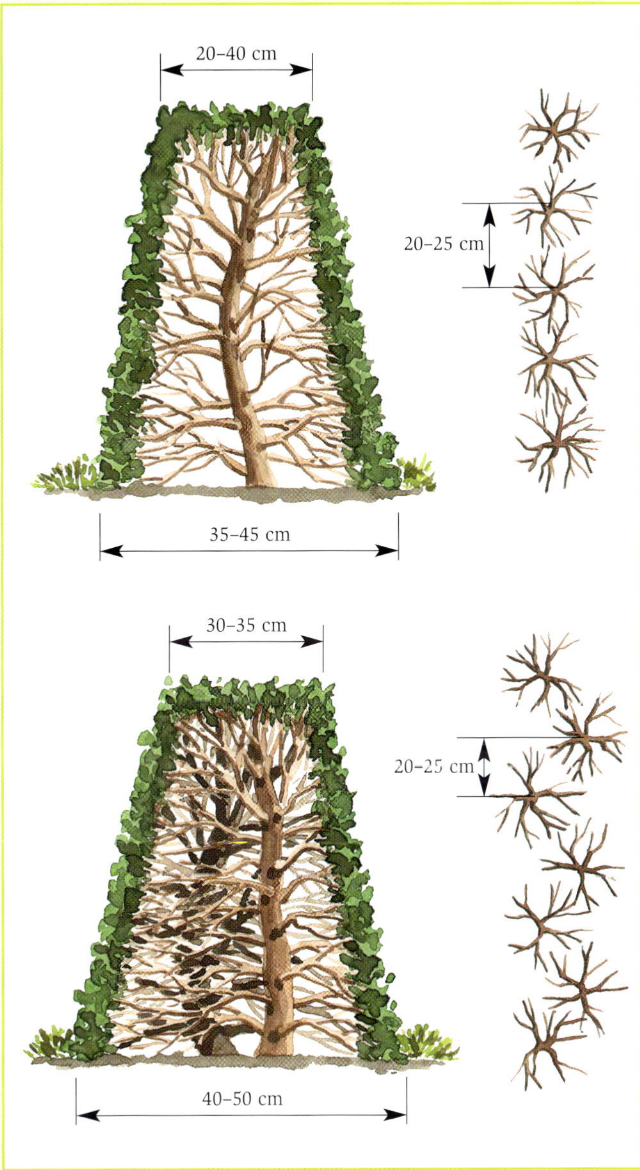

Eine streng geschnittene Hecke kann man entweder geradlinig oder wechselweise pflanzen.

Pflanzung einer Hecke

Wann pflanzen?

Die beste Pflanzzeit für Gehölze ist der Herbst. Ab Oktober befinden sich die Pflanzen in einer Vegetationsruhe, sie werden daher um diese Zeit am wenigsten geschädigt. Bei gefrorenem Boden sollten Sie allerdings nicht pflanzen. Auch sehr nasse Böden sind ungünstig.

Die zweite große Pflanzzeit des Jahres ist das Frühjahr, es bilden sich schneller neue Wurzeln als im Herbst.

Frostempfindliche Arten und Immergrüne sollten im Frühjahr oder sehr zeitig im Herbst (September) gepflanzt werden, damit sie noch genügend Wurzeln bilden können, bevor es kalt wird.

Die Pflanzung einer Hecke. Wichtig: die frisch gesetzten Pflanzen ausreichend wässern!

Fast das ganze Jahr über können Sie Containerpflanzen setzen. Lediglich bei gefrorenem oder sehr nassem Boden ist auch bei ihnen Pflanzpause. Durch Kultur in Containern werden Wurzelverletzungen und damit der Schock des Verpflanzens minimiert.

Der einzige Nachteil bei Containerpflanzen ist der höhere Preis im Vergleich mit ballierter oder gar wurzelnackter Ware.

Bodenverbesserung

Gut ausgereifter Kompost kann als Zugabe zur Aushuberde nie schaden, er hat sowohl sandigem als auch lehmigem Boden gegenüber verbessernde Eigenschaften. Darüber hinaus kann bei sehr tonigem Boden etwas Sand, bei leichtem, sandigem Boden etwas lehmige Gartenerde zugemischt werden.

Die zugegebenen Erden werden mit der Aushuberde gut vermischt und als Auffüllerde für das Pflanzloch verwendet.

Vor der Pflanzung

Bevor man pflanzt, sollte man die Gehölze ausreichend wässern. Ballierte Ware stellt man mit dem ganzen Ballen in ein großes Gefäß mit Wasser und belässt sie darin mindestens so lange, bis keine Luftblasen mehr aufsteigen.

Wurzelnackte Ware sollte man mehrere Stunden lang ins Wasser stellen, damit sich die Pflanze richtig vollsaugen kann.

Können die Pflanzen nicht gleich nach dem Kauf gepflanzt werden, bedürfen sie der fachgerechten Lagerung, des Einschlagens. Dazu hebt man einen etwa 30 cm tiefen Graben aus, der so breit sein sollte, dass die Pflanzen locker hineinpassen. Nun stellt man die ballierten oder wurzelnackten Pflanzen hinein und füllt mit lockerer Erde auf.

Hohlräume zwischen den Wurzeln sind zu vermeiden!

Dann wird angegossen. So versorgt können die Pflanzen einige Wochen, notfalls sogar Monate lang verbleiben, ohne dass sie größeren Schaden nehmen.

Wurzelschnitt

Beschädigte Wurzeln müssen vor der Pflanzung zurückgeschnitten werden, zu lange sind kräftig einzukürzen. Als Richtwert gilt, dass man die Wurzeln so weit zurückschneidet, bis der Querschnitt eine weißliche oder hellgelbe Färbung aufweist.

Eine bräunliche Färbung deutet auf einen alten, nicht mehr sehr regenerationsfähigen Wurzelteil hin.

Pflanzung

Nachdem man festgelegt hat, wo die Pflanzen stehen werden, beginnt man, Pflanzgruben auszuheben.

Bei einer engen Reihenpflanzung hebt man gleich einen ganzen Graben aus. Ob Pflanzloch oder Pflanzgraben, der Wurzelballen der Gehölze muss locker hineinpassen, rundherum bleibt noch Platz in der Größe von einem halben Ballendurchmesser frei.

Vor dem Pflanzen muss ein Rückschnitt beschädigter oder zu langer Wurzeln erfolgen.

TIPP

Genauigkeit bei geraden Hecken

Um bei der Pflanzung einer streng linearen Hecke zu einer schönen, geraden Pflanzreihe zu kommen, spannt man zunächst eine Schnur einige Zentimeter über dem Boden. Dann markiert man die Linie entlang der Schnur mit einem Spaten. Nachdem nun ein Pflanzgraben ausgehoben wurde, können die Pflanzen gesetzt werden.

Wichtig ist die Pflanztiefe: Die Gehölze werden so tief gepflanzt, wie sie zuvor in der Baumschule gestanden haben. Dann wird das Pflanzloch mit durch Kompost verbesserter Aushuberde zugeschüttet. Während man auffüllt, sollte man die Pflanze immer wieder ein wenig rütteln, damit keine Hohlräume im Erdraum entstehen.

Wichtig: darauf achten, dass das Gehölz gerade steht! Am Schluss wird die Erde vorsichtig angetreten. Dann wird mit Erde ein Gießwall in

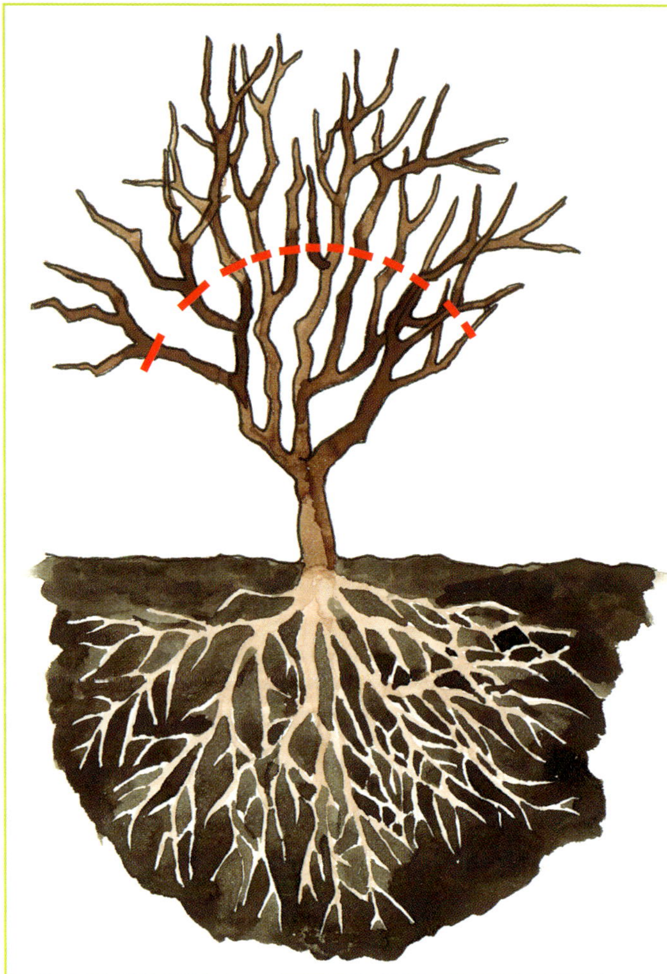

Nach der Pflanzung sollten die Äste kräftig zurückgeschnitten werden.

der Größe des Pflanzlochs angehäufelt und angetreten. Nun kann durchdringend gewässert werden. Durch das Gießen setzt sich die Erde etwas und allfällige Luftlöcher werden geschlossen.

Pflanzschnitt

Bei der Pflanzung, aber auch schon beim Ausgraben in der Baumschule, musste die Pflanze etliche Wurzeln lassen. Bis sie ausreichend neue Wurzeln gebildet hat, wird es einige Zeit dauern. Damit die oberirdischen Teile der Pflanze im richtigen Verhältnis zu den dezimierten Wurzeln stehen, erfolgt unmittelbar nach der Pflanzung ein kräftiger Rückschnitt.

Achten Sie dabei darauf, den natürlichen Habitus der Pflanze zu erhalten! Stellen Sie sich vor, wie die Kontur des Strauches aussehen sollte und schneiden Sie danach.

Es gelten dieselben Grundregeln wie bei jedem Baumschnitt: schräge Schnittflächen, keine „Stummeln" belassen, etc.

Begriffslexikon für den Einkauf in der Baumschule

Wurzelnackte Ware:

Gehölze ohne Wurzelballen; preislich günstigste Variante, allerdings schwieriger zu pflanzen (Vorbereitung notwendig); Anwuchsschwierigkeiten möglich.

Pflanzung: *Wurzeln zunächst etwa 12 Stunden lang wässern. Verletzte Wurzeln bis in den unverletzten Teil zurückschneiden – Schnittstelle soll hell sein! Lange Wurzeln einkürzen, um neue Wurzelbildung anzuregen.*

Ballierte Ware:

Gehölze stehen in der Baumschule am Feld, werden mit Ballen herausgestochen und in einem Tuch eingeschlagen.

Pflanzung: *Tuch wird aufgerissen, damit die Wurzeln schnell den Boden durchwachsen, und im Boden belassen, es verrottet von selber. Aus dem Ballen gewachsene, geknickte oder verletzte Wurzeln werden kräftig eingekürzt.*

Containerware:

Pflanzen stehen bereits in der Baumschule in einem Kunststoffcontainer, daher kaum Wurzelverletzungen.

Pflanzung: *Gehölz aus Container herausnehmen und ins vorbereitete Pflanzloch setzen. Lediglich verfilzte Wurzelballen sollte man aufreissen, damit die Pflanze neue Wurzeln bildet und sich im Erdreich verankert.*

Einbeziehung von Altbestand

Vor ein großes Problem sehen sich manche Gartenbesitzer gestellt, die einen Garten mit bereits bestehenden Sträuchern übernehmen. Einige der Gehölze möchte man gerne belassen – schließlich sind sie bereits groß und geben dem Garten Struktur. Andere Gehölze jedoch müssen weichen, vielleicht, weil sie überaltet oder krank sind, vielleicht auch, weil es sich um Sorten handelt, die zu dem Geschmack des neuen Gartenbesitzers nicht passen.

Ergänzung von Gehölzbeständen

Bei einer locker gepflanzten gemischten Hecke ist es grundsätzlich möglich, Neupflanzungen neben alten, eingewachsenen Sträuchern vorzunehmen. Das Problem, das dabei auftreten kann, ist eine Verletzung des Wurzelraumes beim Gehölzbestand. Dem kann man jedoch recht einfach entgegenwirken, indem man ausreichend große Abstände lässt.

Ob das Unternehmen glücken kann, hängt natürlich vor allem vom Zustand der alten Gehölze ab. Wurden sie regelmäßig geschnitten und haben daher einen dichten, kompakten Wuchs, so kann man davon ausgehen, dass auch das Wurzelsystem eher dicht und kompakt ist, beim Eindringen in den Erdraum also keine allzu großen Verletzungen zu erwarten sind.

Je breiter ein Strauch wächst, desto weitläufiger ist in der Regel auch sein Wurzelsystem, darauf muss man achten. Bei sehr großen Sträuchern sollte man neue Nachbarpflanzungen also mit entsprechend großem Abstand vornehmen, 1,5 bis 2 m gelten hier als Faustregel. Um die dadurch entstehenden Lücken aufzufüllen bis der neue Strauch zu entsprechender Größe herangewachsen ist, eignen sich Stauden oder Sommerblumen. Ihre Wur-

Zierquitten eignen sich gut, um Lücken zu füllen.

zeln reichen nicht sehr weit ins Erdreich hinein, sie stören die Gehölze nicht bei der Wurzelbildung. Mit zunehmender Größe der Sträucher verschwinden sie meistens von selbst, da sie konkurrenzschwächer als die Gehölze sind.

Klassische Hecken

Verzichten sollte man darauf, eine bestehende streng formierte Hecke mit einzelnen Gehölzen zu ergänzen. Gut eingewachsene Schnitthecken sind im Laufe der Jahre zu einer Einheit geworden. Hier Einzelpflanzen herauszunehmen, ist sowohl für das Wurzelsystem als auch für die oberirdischen Teile der gesamten Pflanzung ein Problem. Man muss damit rechnen, dass wenig später auch die beiden Pflanzen rechts und links des entnommenen Gehölzes eingehen oder zumindest etliche Blätter und Zweige hängen lassen.

Pflanzt man dazwischen neue Pflanzen, muss man sich zudem im Klaren sein, dass diese von Beginn an mit einem sehr beengten Wurzelraum und ausgelaugter Erde zu kämpfen haben, Anwuchsschwierigkeiten sind vorhersehbar.

Verpflanzung von Altbestand

Ein Problem kennen viele Gartenbesitzer: Im Garten steht ein wunderschöner Strauch, den man um keinen Preis missen möchte, doch leider steht er ausgerechnet am idealen Platz für einen Teich oder Sitzplatz. Es ist durchaus möglich, selbst alte, eingewachsene Gehölze noch zu verpflanzen, wenn man mit Geschick an die Sache herangeht. Etwas risikofreudig sollte man dazu allerdings schon sein, denn die alles entscheidende Frage, nämlich wie das Wurzelsystem des „Problemkindes" aussieht, kann man leider erst endgültig beantworten, wenn es zum Rückzug bereits zu spät ist.

Was bereits bei der Einbindung von Altbestand gesagt wurde, gilt auch hier: Wurde der Strauch oder Baum regelmäßig geschnitten, sodass sein Wuchs dicht und kompakt ist, so ist in der Regel auch sein Wurzelraum dementsprechend und eine Verpflanzung hat eine gute Chance auf Erfolg. Wichtig ist auch, ob das Gehölz eine flach oder eine tief wurzelnde Art ist. Eine flach wurzelnde Birke zu verpflanzen, gelingt selten, während

Zu bestehenden Sträuchern wie Felsenbirne passen andere Blütensträucher, aber auch Hartriegelarten oder Spindelstrauch.

Pflanzen mit einem normalen bis tiefen Wurzelsystem, wie die meisten Gartensträucher, in der Regel klaglos verpflanzbar sind. Ein weiterer Faktor ist das Erdreich. Zwar tut man sich bei schwerem, lehmigem Boden entsprechend schwerer, den Ballen zu graben, dieser hält dann aber gut zusammen, was bei sehr leichten, sandigen Böden nicht immer der Fall ist.
Das Ballengraben ist eine Kunst, die selbst manchen Fachmann vor eine harte Prüfung stellt. Unerfahrene Gartenbesitzer sollten also, besonders, wenn der zu verpflanzende Strauch von hohem (persönlichem) Wert ist, für die Tätigkeit sicherheitshalber einen Fachmann hinzuziehen. Der Ballen sollte in etwa so breit wie der Strauch sein. Rundherum wird das Erdreich in Form eines Grabens ausgehoben, sodass am Ende ein gleichmäßiger, annähernd halbrunder Ballen bleibt.
In ein Jutetuch eingeschlagen, hält er gut zusammen. Bei sehr lehmigen Böden kann auf das Tuch verzichtet werden, falls die Verpflanzung sofort erfolgt. Die weitere Behandlung erfolgt wie im Kapitel „Pflanzung" beschrieben.

Pflanzschnitt

Wichtig: Ein guter Pflanzschnitt ist unverzichtbar, er gibt der Pflanze überhaupt erst die Chance zu überleben. Scheuen Sie sich nicht, die Äste des Strauchs kräftig einzukürzen! Sie vermindern dadurch seinen Bedarf an Wasser und Nährstoffen, was durch die Verringerung der Wurzelmasse unbedingt notwendig ist. Wenn die Pflanze gut anwächst, treibt sie im folgenden Frühjahr wieder gut aus und erreicht ihre alte Form binnen kürzester Zeit wieder, meistens sogar dichter und schöner als vorher.

Als günstiger Zeitraum für eine Verpflanzung ist, wie bei allen Pflanzarbeiten, der Herbst zu nennen. Keinesfalls sollte man während einer sehr heißen, trockenen Periode verpflanzen, da die Pflanzen dann ohnehin schon gestresst sind und viel zu viel Wasser über die Blätter verdunsten. Das Kompensieren des fehlenden Wurzelraums fällt den verpflanzten Sträuchern am leichtesten, wenn die Luftfeuchtigkeit und die Durchfeuchtung des Erdraums möglichst hoch sind.

► *Schöner Altbestand, wie dieser Flieder, ist erhaltenswert.*

Unterpflanzung einer Hecke

Egal, ob dichte Hecken an Wiesen oder Beete grenzen oder von Wegen begleitet werden, meist ist der Boden unter ihnen nackt. Wiesengräser wachsen nicht bis unter die Sträucher und auch andere Pflanzen haben Schwierigkeiten im Vollschatten. Lediglich Waldpflanzen wären passend. Da die meisten Waldstauden aber von Ameisen verbreitet werden, also nur über kurze Distanzen, ist eine natürliche Zuwanderung unwahrscheinlich. Es muss demnach gepflanzt werden. Nicht für alle Bereiche eignen sich dieselben Arten.

Immergrüne Hecken

Bei ganzjähriger Beschattung gibt es das größte Problem. Sehr wenige Arten können hier wachsen. Das Alpenveilchen *(Cyclamen)* kann man hier versuchen, das Schattenblümchen *(Maianthemum)* wächst auch in sehr dunklen Bereichen noch sicher. Farne und das Beischlafgras oder Drahtschmiele *(Avenella flexuosa)* bringen Grün unter die Hecke. Eine Einjährige, deren Samen man nur selbst in Wäldern sammeln kann, ist der Wachtelweizen. All diese Arten wachsen natürlich auch unter sommergrünen Sträuchern.

Zwiebelblumen

Einige kleine Zwiebelpflanzen stammen aus Wäldern und nutzen die kurze Zeit im Frühling, bevor das Laub austreibt. Interessanterweise stammen die meisten davon aus Auwäldern oder von recht feuchten Stellen in Laubwäldern. In trockeneren Gebüschen werden sie nicht gut gedeihen. Der Blütenreigen im Frühjahr wird eröffnet durch Winterling, Schneeglöckchen und Frühlings-Knotenblume sowie *Crocus tommasinianus* und fortgesetzt von Gelbstern, Blaustern, Puschkinien, Lerchensporn und Bär-Lauch. Die letzten sind Waldhyazinthe und Dolden-Milchstern (Stern von Betlehem). An weniger feuchten Stellen blüht im Sommer auf humosem Boden der Türkenbund.

Waldstauden

Die nicht zwiebelbildenden Waldstauden bewohnen die weniger feuchten Bereiche. Die Blütezeit fällt ebenfalls meist in das Frühjahr. Lungenkräuter und Immergrün bieten Dank ihrer Belaubung auch sonst eine hübschen Anblick. Groß ist die Zahl an verwendbaren Veilchen-Arten. Ebenfalls eine Waldstaude ist das Maiglöckchen. Eine blattbunte Sorte des Giersch kann als Bodendecker dienen. Bunte, aber giftige Beeren im Sommer bringen die verschiedenen Christophkraut-Arten hervor.

Essbares

Einige Waldpflanzen sind als Würz- und Suppenkräuter verwendbar. Kerbel, Veilchen und Giersch gehören dazu. Eher unbekannt ist die Behaarte Gundelrebe. Ebenfalls interessant sind einige Früchte: Die Heidelbeere ist nur auf feuchteren, sauren Böden kultivierbar. Unter jeder sommergrünen Hecke aber können Wilde Erdbeeren gezogen werden. Bei den Erdbeeren kennen wir drei heimische Arten, von denen zwei auch im Schatten wachsen. Die bekannteste ist die Wald-Erdbeere. Den besten Geschmack hat die Zimt-Erdbeere, die recht selten an warmen, feuchten Waldrändern und in Gebüschen anzutreffen ist. Ihr Blütenstand ist wie beim Himmelschlüssel lang gestielt.

► *Farne bringen Grün unter Hecken.*

Kletterpflanzen als Heckenersatz

Hecken brauchen Platz, viel Platz. Besonders eine frei wachsende Hecke verbraucht doch etliche Quadratmeter des Gartens. In kleineren Gärtchen kann das duchaus ein Problem werden. Besonders im berühmten „Handtuchgarten", wie er bei Reihenhäusern gebräuchlich ist, bleiben nach Bepflanzung aller Grundstücksgrenzen mit Sträuchern oft nur wenige Quadratmeter Nutzfläche übrig.

Einzige Lösung: an einer oder an mehreren Grundstücksgrenzen auf die Hecke verzichten und nur einen Zaun als Abgrenzung verwenden. Doch auch diesen Zaun können Sie in der Folge erblühen lassen. Kletternde Gartenpflanzen sind das Geheimnis des Erfolges. Die Auswahl ist reich – von raschwüchsigen einjährigen, die ihren Zaun bereits nach wenigen Wochen in Beschlag genommen haben, bis hin zu ausdauernden Schlinggehölzen, die den Garten Jahre und Jahrzehnte lang schmücken, reicht die Palette. Blüten, Früchte, immergrüne Blätter, eine feurige Herbstfärbung oder im Austrieb buntes Laub – in der Gruppe der Kletterpflanzen findet man alles, womit Sträucher aufwarten können.

Die Qual der Wahl …

Bevor Sie sich an die Begrünung mit Schlingern und Rankern machen, müssen Sie sich überlegen, wie lange Sie den Garten mit ihnen teilen möchten. So manche Kletterpflanze wuchert wie Unkraut

Clematis montana 'Rubens' gehört zu den Wucherern, die Sträucher umbringen können.

und ist in ein paar Jahren schwer wieder aus dem Garten zu bekommen. Andere lassen sich zwar problemlos entfernen, hinterlassen aber ihre vertrockneten Triebe noch jahrelang, besonders, wenn sie an einem Maschendrahtzaun gezogen worden sind.

Auch muss man bedenken, dass besonders Klettergehölze im Laufe der Jahre eine gewaltige Zugkraft entwickeln können. Das Gewicht, das dadurch entsteht, hat schon so manchen Zaun und so manche Kletterhilfe zu Bruch gebracht.

Welche Kletterhilfe für welche Pflanze?

Wie die Pflanzen aufwärts kommen, ist unterschiedlich. Bei den sogenannten Schlingern winden sich die ganzen Triebe um eine Kletterhilfe herum. Dazu zählen beispielsweise die Trichterwinde, der Schlingknöterich, Hopfen oder auch die hübschen kletternden Geißblattarten. Sie eignen sich, auf dünne Stäbe (z. B. von einem schmiedeisernen Zaun) oder auf einen Maschendrahtzaun zu klettern.

Zu den sogenannten Klimmern hingegen zählt der „Wilde Wein", dessen prächtige Herbstfärbung ihm schon viele Freunde gebracht hat, oder auch der Efeu sowie die Kletter-Hortensie. Sie klammern sich mit Haftorganen an nicht zu glatte Oberflächen, können also beispielsweise auch an einem gewöhnlichen Bretterzaun hochklettern.

Einjährige Kletterpflanzen

Am einfachsten und ungefährlichsten einzusetzen sind einjährige Schlinger. Sie wachsen rasch und begrünen unschöne Stellen binnen kürzester Zeit. Am Ende der Gartensaison sterben sie – spätestens nach dem ersten Frost – ab. Mit ihnen kann man ruhig auch einmal Experimente wagen, auffällige Farbkombinationen ausprobieren oder einfach testen, ob man am entsprechenden Platz überhaupt Blüten möchte. Im nächsten Jahr kann man wieder neu aussuchen und alles anders gestalten.

Die Nachteile liegen klar auf der Hand: Der Arbeitsaufwand ist höher. Im nächsten Jahr muss man wieder Jungpflanzen aus Samen vorziehen und setzen.

Trichterwinde

Gut geeignet für die Verschönerung verschiedenster Zäune ist z.B. die Trichterwinde *(Ipomoea purpurea)*. Ihre Blüten sind sehr groß (bis zu 10 cm im Durchmesser), es gibt sie in den Farben Himmelblau, Rosa und Weiß, es gibt sogar rosa-weiß oder blau-weiß gestreifte Sorten. Leider blüht die einfach zu kultivierende Sommerblume nur in den Morgenstunden.

Schwarzäugige Susanne

Die Schwarzäugige Susanne *(Thunbergia alata)* beeindruckt ebenfalls mit auffälligen, hübschen Blüten, sie sind orange mit schwarzer Mitte.

Mit Kletterpflanzen lässt sich so mancher Zaun deutlich verschönern. Einjährige Kapuzinerkresse (Tropaeolum-Hybriden)

Es gibt auch Sorten in verschiedenen Gelb- und Cremetönen. Für Zäune ist sie besonders gut geeignet, da sie nicht sonderlich hoch wird, maximal 1,5 m.

Ballonwein

Keine auffälligen Blüten, dafür aber umso interessantere, ballonartige, grüne Früchte bietet der Ballonwein *(Cardiospermum halicacabum)*. Er kann bis zu 2,5 m hoch werden, eignet sich aber auch hervorragend für die Verwendung an Zäunen.

◄ *Einjährige Trichterwinde (Ipomoea tricolor) und Schwarzäugige Susanne*

Kapuzinerkresse

Die Kapuzinerkresse *(Tropaeolum-*Hybriden*)* klettert nicht wirklich, sie wächst als Spreizklimmer durch das Geäst. Man kann sie jedoch aufbinden und dann ist sie hervorragend dazu geeignet, Zäune zu überwuchern.

Ihre hübschen orangen Blüten sind essbar und können für die Dekoration von Salaten verwendet werden.

Kletternde Gehölze (Lianen)

Bei der Verwendung kletternder Gehölze muss man auf eine ausreichend stabile Kletterhilfe achten. Hierher gehören der bereits erwähnte „Wilde Wein", der Blauregen, die Pfeifenwinde sowie der altbekannte Efeu. Auch der Schlingknöterich zählt dazu, allerdings sollte man seine Verwendung gründlich überlegen; der Schlingknöterich wuchert wie Unkraut und ist oft schwer zu bändigen.

Der Wilde Wein ist wegen seiner prächtigen roten Herbstfärbung ein beliebtes Klettergehölz. Hier die rankende Parthenocissus inserta.

TIPP

Schlinger

Kletterpflanzen können in Sträucher hinaufklettern. Auch innerhalb einer (lockeren) Hecke kann man mit ihnen Furore machen. Problematisch werden können allerdings einige Schlinger und Ranker, da sie so kräftig wachsen, dass sie den Strauch in seinem Wachstum beeinflussen, im schlimmsten Fall sogar ersticken. Aufpassen muss man darauf z. B.beim Schlingknöterich oder bei der Berg-Waldrebe.

Die klassische Hecke

Von der niedrigen Einfassung für ein Beet, das an die Tradition der Bauerngärten erinnert, bis hin zur meterhohen immergrünen „Wand" – streng geschnittene Hecken finden viele Einsatzmöglichkeiten.

Sie sind allerdings in der Pflege aufwändig, regelmäßiger richtiger Schnitt ist die Grundvoraussetzung für eine attraktive klassische Hecke.

Für und Wider

„Thujen sind Pfuien" predigt der Naturfotograf und Naturgartenbesitzer Helmut Wollmersdorfer. Nicht ganz zu Unrecht, denn Thujen vertreiben tatsächlich viel Leben aus ihrer Umgebung. Dafür haben sie aber viele unbestreitbare gärtnerische Vorteile: Schnelles, gleichmäßiges, dichtes Wachstum und blickdichte, immergrüne Zweige machen sie zur scheinbar idealen Heckenpflanze. Unsere modernen Sorten von *Thuja orientalis* sind auch nicht mehr so empfindlich gegen trockenere Standorte wie die von zeitweise sehr nassen Standorten stammende *T. occidentalis*.

Die Nachteile allerdings sind gravierend: An trockenen Standorten ist die Thuje recht krankheitsanfällig, die Thujenminiermotte kann fallweise massenhaft auftreten und hat bei uns keine natürlichen Feinde. Gifteinsatz ist also häufig erforderlich. Zudem ist die Thuje selbst recht giftig. Nicht nur, wenn sie gegessen wird (was ja wegen des Fehlens attraktiver Früchte und wegen des unangenehmen Geschmacks wohl auch Kinder kaum tun werden), treten Vergiftungserscheinungen auf. Bei empfindlichen Menschen genügt Hautkontakt, um Nesselausschläge auszulösen.

Weitere Aspekte sind die schlechte Verrottbarkeit im Kompost und ihre Lebensfeindlichkeit, was andere Gartenbewohner betrifft. Für die meisten Insekten ist sie unbrauchbar, was dennoch an ihr lebt (Thujenminiermotte) nimmt ihr Gift und

Um eine schöne, klassische Hecke zu erhalten, ist regelmäßiger Schnitt nötig.

einen widerlichen Geschmack an und ist somit als Nahrung für Vögel und andere Tiere unbrauchbar. Man muss sich also entscheiden zwischen der Thuje und einem Garten, der auch vielfältiger Lebensraum sein kann.

Was gibt es also für Alternativen? Den ähnlichen Scheinzypressen fehlen wenige Nachteile der Thuje. Eiben wachsen viel langsamer und sind für Mensch und Pferd noch giftiger als Thujen, ihr Vorteil sind die als Vogelnahrung dienenden Samen und die gute Brauchbarkeit als Nistplatz. Nicht giftig präsentieren sich Fichtenhecken, die allerdings für das Flachland kaum geeignet und anfällig gegen Fichtengallläuse sind. Der giftige Buchsbaum wächst recht langsam. Liguster ist ebenfalls eine wichtige Heckenpflanze. Auch er ist giftig, seine bei zu strengem Schnitt seltenen Blüten sind eine wichtige Nahrungsquelle für Insekten, die Beeren für Vögel, und an den Blättern frisst gerne die auffällige Raupe des Ligusterschwärmers.

Allerdings sind auch die wintergrünen Sorten nicht sicher wintergrün. Aber wozu brauchen wir wintergrüne Hecken? Sichtschutz ist doch nur im Sommer erforderlich, wenn wir den Garten nutzen wollen, ohne beobachtet zu werden.

Wenn wir also auf das Kriterium wintergrün verzichten, so gibt es viele ungiftige, für die Tierwelt nutzbare, formbare Heckensträucher. Weißdorn, Hainbuche, Feld-Ahorn, Kornelkirsche und Alpen-Johannisbeere, sind nur einige Beispiele.

Einer der Klassiker für Schnitthecken ist die Hainbuche.

Die Pflege

Schnitt

Der größte Pflegeaufwand bei einer klassischen Hecke ist der Schnitt, der je nach Wuchsstärke der Pflanzen 1 bis 2 x jährlich erfolgen muss. Damit wird einerseits die Form der Hecke erhalten – speziell streng formierte Hecken geraten schnell „aus der Fassung" und sehen dann sehr unordentlich aus. Andererseits wird durch das Schneiden auch ein dichter, gleichmäßiger Wuchs gefördert.

Im ersten Jahr nach der Pflanzung wird noch nicht geschnitten. Ab dann sollte man regelmäßig formieren, allerdings nur so weit, dass noch ein jährlicher Zuwachs bleibt.

Wann wird geschnitten?

Als Faustregel für das „Wann" gilt zweimal jährlich, einmal Mitte Juni, nach Abschluss des Frühjahrstriebes und einmal im August, nach Beendigung des sogenannten Johannistriebes. Bei schwach wachsenden Arten, wie Liguster, kann man oft auf den zweiten Schnitt verzichten; ob er notwendig ist oder nicht, entscheidet man nach dem Aussehen der Hecke. Sieht die Hecke im August noch gepflegt aus und weist nicht zu viele Wildtriebe auf, so kann man durchaus den nächsten Schnitttermin ins kommende Frühjahr verlegen.

Wichtig ist, dass man nach dem August nicht mehr schneidet, da sonst die Ausreifung der Triebe vor dem Winter verzögert wird. Die Pflanzen sind dann schlecht auf den Winter vorbereitet und bei Frösten wesentlich mehr gefährdet als nötig.
Bei immergrünen Hecken aus Eiben, Thujen oder ähnlichen Arten erfolgt der Austrieb über das ganze Jahr, hier wird üblicherweise erst im Spätsommer geschnitten.

Eine geschnittene Hecke kann rund oder trapezförmig sein, niemals sollte sie seitlich gerade geschnitten werden, wie es ganz links im Bild zu sehen ist.

Schnittwerkzeuge

Geschnitten wird meist mit einer elektrischen Heckenschere. Der Umgang damit erfordert ein wenig Übung. Die heute erhältlichen Geräte sind allerdings fast alle leicht und bedienerfreundlich. Auch die früher verwendeten mechanischen Heckentrimmer sind in letzter Zeit wieder erhältlich. Für den Hobbygärtner, der nur wenige Meter Hecke zu schneiden hat, sind sie durchaus eine Alternative. Wichtig ist, dass sie gut geschliffen sind. Die mechanischen Heckenscheren haben, abgesehen vom günstigeren Preis, wesentliche Vorteile: Man muss sich nicht um die Stromversorgung kümmern, das oft mühsame Hantieren mit Verlängerungskabeln entfällt. Die mechanischen Geräte sind leichter als die elektrischen, Ermüdungserscheinungen beim Schneiden treten daher später auf. Da der Schnitt mit ihnen ein wenig langsamer erfolgt, kommen auch ungeübte Heckengärtner leicht gerade, man schneidet weniger oft versehentlich Ecken in die schöne Hecke.

Formschnitt mit Schnur und Latten

Bevor man zu schneiden beginnt, spannt man eine

Schnittwerkzeug für eine klassische Hecke: elektrische Heckenschere, Heckentrimmer

Mit Hilfe eines Latten-Schnurgerüsts ist es einfach, beim Schneiden der Hecke gerade zu kommen.

Schnur an den beiden oberen Kanten der Hecke, sodass man leicht gerade schneidet. Wenn man dafür keine Zaunpfähle oder ähnliches als Bezugspunkt hat, kann aus Latten ein Gerüst gebastelt werden. Das klingt aufwändig, lohnt sich aber in jedem Fall, weil das gewünschte Ergebnis – die exakt geschnittene Hecke – dadurch auch von ungeübten Händen erzielt werden kann.

Sehr wichtig ist die Form. Für eine dauerhaft dichte Hecke ist es notwendig, dass auch zu den unteren Zweigen genügend Licht kommt. Bei Nichtbeachtung besteht die Gefahr, dass die Sträucher von unten her verkahlen, also ihr Laub verlieren. Man schneidet die Hecke entweder trapezförmig oder mit einer halbrunden Oberkante, jedoch nie ganz gerade. Immer sollte sie oben etwas schmäler sein als unten. Der konische Schnitt hat bei sehr hohen Pflanzungen noch einen angenehmen Nebeneffekt: Die grüne „Wand" wirkt dadurch etwas leichter, weniger wuchtig.

Düngung

Während bei bunt gemischten Hecken eine Düngung in der Regel weitgehend unterbleiben kann, muss bei jenen, die nur aus einer Art bestehen, regelmäßig gedüngt werden. Durch den häufigen Schnitt werden ihnen Nährstoffe entzogen und da sie meist recht eng gepflanzt sind, haben sie wenig Wurzelraum zur Verfügung. Im Gegensatz zu den sommergrünen Laubgehölzen erfolgt bei den Immergrünen kein natürlicher Nährstoffeintrag durch den Blattfall im Herbst. Man düngt im Frühjahr und/oder Sommer, jedoch nicht später als August, um eine vollständige Ausreifung der Triebe und damit ausrei-

Eine geschnittene grüne Hecke bildet die Außenwand dieses Gartens und sorgt für Sicht- und Lärmschutz zur Straße.

Thujenhecken leiden oft an gelben Spitzen. Abgesehen von sonnenbedingten Verbrennungen nach dem Schnitt ist meistens eine Nährstoff- und Wasserunterversorgung die Ursache.

chende Frosthärte zu gewährleisten. Als Dünger kann man handelsübliche Gartendünger verwenden. In der Baumschule oder im Gartencenter sind fertige Mischungen erhältlich, die darauf abgestimmt sind, besonders das Blattwachstum zu fördern.

Bodenuntersuchung

Bei auftretenden Mangelerscheinungen, die sich zum Beispiel in Form von gelben Blättern zeigen können, ist eine Bodenuntersuchung zu überlegen. Um wenig Geld bekommt man genaue Auskunft über die vorhandenen Nährstoffe im Boden sowie allfällige Mängel. Viele Schul- und Universitätsinstitute, aber auch private Unternehmen bieten eine solche Untersuchung im Labor an, oft erhält man eine spezifische Düngeempfehlung dazu.

Gießen

Das Gießen ist bei klassischen Hecken ein wichtiges Thema. In heißen Sommern kann die Trockenheit einer klassischen Hecke große Probleme bereiten und beispielsweise bei Thujen zu sehr unschönen, bräunlichen Zweigen führen. Abendliches Wässern direkt im Wurzelbereich kann hier Abhilfe schaffen. Ganz besonders wichtig ist das herbstliche Wässern der immergrünen Sträucher im Spätherbst. Immergrüne verdunsten ständig, also auch im Winter, Feuchtigkeit über ihre Blätter, können aus dem gefrorenen Boden jedoch kaum Wasser beziehen. Das kann zu Vertrocknungserscheinungen, sogenannter Frosttrocknis, führen, ersichtlich an welken, braun verfärbten Blättern. Kräftiges, durchdringendes Wässern vor dem Frost gibt den Pflanzen die Möglichkeit, Reserven zu sammeln.

In sehr windigen Gegenden ist zusätzlich ein Schutz vor austrocknenden Winterstürmen von Nutzen.

Porträts

Laubgehölze

Buchs

(Buxus sempervirens)

WUCHSHÖHE: in der Hecke etwa 1–2 m verwendbar, freistehend bis 4 m
BLÜTE: unscheinbar gelblich im Frühling. Der Buchsbaum wird von verschiedenen blütensuchenden Fliegen, sowie Sand- und Honigbienen besucht.
FRUCHT: Kapselfrucht. Die Samen werden lediglich von Blaumeisen gefressen.
ALLGEMEINE BESCHREIBUNG: dunkel- und immergrüner, kleinblättriger Laubstrauch mit typischem Geruch.
VERWENDUNG: Der immergrüne Buchsbaum ist die klassische Begrenzungspflanze der Bauerngarten-Beete. Er ist sehr gut schnittverträglich, dicht schließend und kommt auch mit schlechteren Böden zurecht. Seine Giftigkeit ist geringer als die der Eibe und es werden keine für Kinder verlockenden Früchte gebildet. Es gibt sehr viele kleinwüchsige Sorten, die sich nur für Einfassungen und Begrenzungshecken eignen, aber auch die hochwüchsigen
Sorten brauchen lange, um an Höhe zu gewinnen, bilden dann aber sehr dichte Sichtschutzhecken.
STANDORT: Industriefeste Art, die an fast allen nicht zu feuchten und schattigen Standorten verwendet
werden kann.
PFLANZWEITE: 25–50 cm

Hainbuche

(Carpinus betulus)

WUCHSHÖHE: in der Hecke etwa bis 3 m verwendbar, freistehend bis 25 m
BLÜTE: unscheinbare Kätzchen im Mai-Juni.
FRUCHT: Geflügelte Nüsse, die zehn Vogelarten und sieben Säugern als Nahrung dienen.
ALLGEMEINE BESCHREIBUNG: sommergrüner Laubbaum von mittelgrüner Farbe. Blätter doppelt gesägt, bis etwa 10 cm lang, gerippt. Leuchtendgelbe Herbstfärbung ziert diesen Baum.
VERWENDUNG: Als einheimisches Gehölz ist die Hainbuche bei der Tierwelt sehr beliebt, ohne jedoch von Schädlingen arg bedrängt zu werden. Sie bildet geeignete Nistplätze für viele Vögel und bietet einigen Insekten Nahrung. Bei nicht zu trockenem Boden bilden sich dichte Hecken, die gut geschnitten werden können. Allerdings bilden geschnittene Pflanzen nach einiger Zeit recht knorrige Äste.
STANDORT: Bezüglich Boden ist sie nicht sehr anspruchsvoll. Prallsonnige Südlagen auf trockenen Böden sind allerdings zu meiden.
PFLANZWEITE: 30–50 cm

Kornelkirsche

(Cornus mas)

WUCHSHÖHE: in der Hecke etwa bis 2 m verwendbar, freistehend bis 10 m
BLÜTE: leuchtend gelbe, nektar- und pollenreiche Blüten im Vorfrühling, die oft die erste Nahrung für viele Blütenbesucher bieten.
FRUCHT: Rote, ovale, kirschgroße Steinfrüchte, die auch in streng geschnittenen Hecken in großer Zahl gebildet werden. Die Früchte erreichen je nach Klon ab September bis Oktober Genussreife; sie sind in der Küche vielseitig verwendbar – Marmeladen, Kompotte,

Liköre, Edelbrände, etc. aus Dirndln, wie die Früchte im süddeutschen Sprachraum heißen, schmecken vorzüglich. 15 Vogel- und fast ebensoviele Säugerarten fressen an diesem Strauch.
ALLGEMEINE BESCHREIBUNG: Sommergrüner Laubstrauch bis -baum von mittelgrüner Farbe. Blätter ganzrandig, bis etwa 10 cm lang, mit auffälligen Blattnervenbögen, zugespitzt. Gelbe bis orange Herbstfärbung.
VERWENDUNG: Die Pflanze ist wie die Hainbuche verwendbar, erfreut aber zusätzlich durch sehr frühen Flor und essbare Früchte. Anfangs wächst der Strauch etwas langsam.
STANDORT: Kornelkirschen bevorzugen tiefgründige, kalkhältige Böden und vertragen auch Beschattung recht gut. Für kühle Lagen ist die Kornelkirsche nicht geeignet.
PFLANZWEITE: 50-100 cm

Liguster

(Ligustrum vulgare, L. ovalifolium)

☠ ○ ◑

WUCHSHÖHE: in der Hecke etwa bis 2 m verwendbar, freistehend bis 3 m
BLÜTE: weiße Blütenrispen im Juni–Juli. Im Aussehen eine Miniaturausgabe des verwandten Flieders. Die Blüten duften stark und sind nektarreich. Der Charackter des Duftes ist rosenartig. Vor allem für Schwebfliegen, aber auch Sand- und Furchenbienen sowie einige Käfer stellen die Blütenstände eine wichtige Nahrungsquelle dar.
FRUCHT: Glänzend schwarze, kugelige Steinfrucht in Erbsengröße. Die Früchte sind für Menschen giftig, dienen aber bei *Ligustrum vulgare* 21 Vogelarten als Nahrung.
ALLGEMEINE BESCHREIBUNG: Hell- bis dunkelgrüner Laubstrauch mit etwa 6 cm langen, ungeteilten, ganzrandigen Blättern. *Ligustrum vulgare*: hell-mittelgrün, Blätter teilweise überwinternd, dann rötlich. *L. ovalifolium*: Dunkelgrün, in nicht zu strengen Wintern wintergrün.
VERWENDUNG: Sehr gut schnittverträglicher, unverwüstlicher Heckenstrauch, bei entsprechendem Schnitt sehr dichtwüchsig. Neben 11 Kleinschmetterlingen findet man am Liguster auch die prachtvollen Raupen des Ligusterschwärmers.
STANDORT: Industriefeste Art, die mit den meisten Bodenverhältnissen zurechtkommt. *Ligustrum vulgare* ist bis auf höhere Gebirgslagen überall verwendbar.
PFLANZWEITE: 25–50 cm

Scheinzypresse

(Chamaecyparis lawsoniana)

WUCHSHÖHE: in der Hecke bis etwa 3 m verwendbar, freistehend 10 m
BLÜTE: unscheinbar
FRUCHT: Die Scheinfrüchte sind kleine, fleischige Zapfen.
ALLGEMEINE BESCHREIBUNG: Baum mit senkrecht bis waagrecht ausgebreiteten, schuppig beblätterten Ästen. Die Färbung variiert je nach Sorte von goldgelb bis blaugrün.
VERWENDUNG: Dichte, immergrüne Sichtschutzhecken.
STANDORT: Höherer Nährstoffbedarf.
PFLANZWEITE: 50–70 cm

Riesenzypresse

(x Cupressocyparis leylandii)

WUCHSHÖHE: in der Hecke bis etwa 5 m verwendbar, freistehend 20 m
BLÜTE: unscheinbar
FRUCHT: kaum ausgebildet
ALLGEMEINE BESCHREIBUNG: Baum mit dreidimensional ausgebreiteten, schuppig beblätterten, spitzen Ästen. Die Färbung variiert je nach Sorte von goldgelb bis blaugrün.
VERWENDUNG: rasch wüchsige, dichte und hohe, immergrüne Sichtschutzhecken.
STANDORT: kann bei zu guter Nährstoffversorgung rasch zu groß werden. In der Jugend allerdings führt Nährstoffarmut zu Kümmerwuchs.
PFLANZWEITE: 70 cm

Gemeiner Wacholder

(Juniperus communis)

WUCHSHÖHE: in der Hecke bis etwa 2 m verwendbar, freistehend bis 3 m
BLÜTE: unscheinbar
FRUCHT: Die Scheinfrüchte sind kleine, fleischige, blaue Zapfen, die als Gewürz Verwendung finden.
ALLGEMEINE BESCHREIBUNG: Schlanker bis breiter, meist säulenförmiger Strauch bis Kleinbaum mit graugrünen, stechend nadelig beblätterten Ästen.
VERWENDUNG: Keine gebräuchliche Heckenpflanze, bildet jedoch dichte, immergrüne Sichtschutzhecken für trockene und arme Böden. Als stark stechender Strauch schwierig zu handhaben, aber besonders dicht und undurchdringlich.
STANDORT: Bevorzugt leichte Böden und reagiert negativ auf zu großen Nährstoffreichtum. Auch wenig Schlagschatten wird mitunter übelgenommen.
PFLANZWEITE: 50–70 cm

Raketen-Wacholder

(Juniperus virginiana)

WUCHSHÖHE: in der Hecke bis etwa 2 m verwendbar, freistehend bis 4 m
BLÜTE: unscheinbar
FRUCHT: Die Scheinfrüchte sind kleine fleischige Zapfen.
ALLGEMEINE BESCHREIBUNG: schlanker, säulenförmiger Kleinbaum mit schuppig beblätterten Ästen. Die Färbung variiert je nach Sorte von grün bis blaugrün.
VERWENDUNG: dichte, immergrüne Sichtschutzhecken auch für trockenere und arme Böden. Als Überträger des Birnengitterrostes sollte die Art wie die meisten Wacholderarten mit schuppenförmigen Blättern gemieden werden. Biologischer Anbau von Birnen ist in weiterer Umgebung dieser Sträucher meist nicht möglich. In einigen vorbildlichen Kleingartenvereinen gelten Pflanzverbote.
STANDORT: nicht zu feuchte und zu schwere Böden
PFLANZWEITE: 50–70 cm

Fichte

(Picea abies)

Wuchshöhe: in der Hecke bis etwa 2 m verwendbar, freistehend bis 40 m
Blüte: in der Hecke nicht gebildet
Frucht: in der Hecke nicht gebildet
Allgemeine Beschreibung: waldbildender, immergrüner Nadelbaum von kegelförmigem Wuchs.
Verwendung: dichte, immergrüne Sichtschutzhecken für Gebirgslagen. Auch starker Schnitt wird entgegen der landläufigen Meinung durchaus toleriert. Dafür ist die Fichte nicht nur gegen Trockenheit empfindlich, sondern auch gegen sommerliche Hitze. Im Tiefland ist sie daher nicht gut verwendbar, beziehungsweise vergreist rasch. Als Vergreisungserscheinung werden die untersten Äste dürr und die Hecke wird im unteren Bereich durchlässig. An nicht optimalen Standorten können Fichtenhecken von der Fichtengalllaus massiv beeinträchtigt werden. Als Gegenmaßnahme empfiehlt sich das rechtzeitige Abschneiden der befallenen Triebe. Omorika-Fichten sind teurer, leiden aber nicht unter Fichtengallläusen.
Standort: nicht zu feuchte und zu schwere Böden. Fichten sind von Symbiosepilzen (Mycorrhiza) abhängig. Es sollte also eine Startdüngung mit Pilzsporen, wie sie seit einiger Zeit im Handel erhältlich ist, vorgenommen werden. Sonst ist bei der Düngung Vorsicht geboten.
Pflanzweite: 70–100 cm

Eibe

(Taxus baccata)

WUCHSHÖHE: in der Hecke bis etwa 2 m verwendbar, freistehend bis 10 m
BLÜTE: unscheinbar
FRUCHT: Scheinfrucht, ein Same mit rotem Samenmantel. Fast 25 Vogelarten fressen die Samen.
ALLGEMEINE BESCHREIBUNG: dunkel- und immergrüner Nadelbaum mit auffälligen, roten Samen an weiblichen Pflanzen.
VERWENDUNG: dichte, immergrüne Sichtschutzhecken für Schattlagen. In voller Sonne sind Eiben auch verwendbar, wenn die Setzlinge im ersten Jahr beschattet werden. Die Eibe ist ein dicht schließendes, aber leider langsam wüchsiges Nadelgehölz, das sich durch sehr gute Schnittverträglichkeit und Formbarkeit auszeichnet. Zudem ist sie bezüglich einer Reihe von Umweltfaktoren (Bodenverhältnisse, klimatische Verhältnisse, Schadstoffbelastung, …) sehr anpassungsfähig. Eiben sind gute Brutgehölze für Vögel. 8 Säuger nutzen die Eibe auf verschiedene Art als Nahrungsquelle. In der freien Natur ist die Eibe eine gefährdete Art.
STANDORT: Wichtig ist, dass Jungpflanzen keiner direkten Sonneneinstrahlung ausgesetzt werden. Gut verwurzelte Pflanzen ertragen durchaus Trockenheit. Ungünstige flachgründige oder steinige Böden werden gut vertragen. Feuchtigkeit und schwere Böden führen allerdings zu Problemen.
PFLANZWEITE: 50–80 cm

Amerikanischer Lebensbaum

(Thuja occidentalis)

☠ ○ ◑

Wuchshöhe: in der Hecke bis etwa 3 m verwendbar, freistehend 20 m
Blüte: unscheinbar
Frucht: Die Scheinfrüchte sind kleine holzige Zapfen, die bei reichlicher Entwicklung entfernt werden sollten, da sie das Wachstum behindern.
Allgemeine Beschreibung: Giftiger Baum mit waagrecht ausgebreiteten, schuppig beblätterten Ästen. Die Färbung variiert je nach Sorte von goldgelb bis dunkelgrün.
Verwendung: dichte, immergrüne Sichtschutzhecken. Wegen der Giftigkeit ist Vorsicht geboten. Mit einem Biogarten sind Thujen unvereinbar.
Standort: sehr hoher Feuchtigkeits- und Nährstoffbedarf! Wächst in humosen bis lehmigen Böden und versagt an sandigen oder steinigen Standorten.
Pflanzweite: 50–70 cm

Chinesischer Lebensbaum

(Thuja orientalis)

☠ ○

Wuchshöhe: in der Hecke bis über 2 m verwendbar, freistehend 7 m
Blüte: unscheinbar
Frucht: Die Scheinfrüchte sind kleine Zapfen, die bei reichlicher Entwicklung entfernt werden sollten, da sie das Wachstum behindern. Die giftigen Zapfen bleiben lange beerenartig fleischig, blaugrün und sind damit attraktiv für Kinder.
Allgemeine Beschreibung: Giftiger Baum mit senkrecht ausgebreiteten, schuppig beblätterten Ästen. Die Färbung variiert je nach Sorte von goldgelb bis dunkelgrün.
Verwendung: Rasch schließende, immergrüne Sichtschutzhecken. Wegen der Giftigkeit ist Vorsicht geboten. Mit einem Biogarten sind Thujen unvereinbar.
Standort: verschiedene Böden
Pflanzweite: 50–70 cm

Bunte Hecken

Im Frühjahr Blüten, im Sommer Früchte und im Herbst eine prächtige Herbstfärbung – damit kann eine bunt gemischte Hecke den Jahreskreis attraktiv gestalten, wenn sie richtig zusammengestellt wurde.

Der Pflegeaufwand ist relativ gering und darüber hinaus bietet eine solche Hecke auch noch Lebensraum für viele Tiere, teilweise vom Gärtner geliebte Nützlinge.

Bunte Hecken

Bunte Hecken stehen der klassischen Hecke nicht als Gegensatz gegenüber. Vielmehr gibt es eine Reihe von Übergängen. Eine gemischte Hecke kann genauso streng geschnitten sein.

Auch manche Blütensträucher wachsen kompakt genug, um eine nicht allzu breite Hecke blickdicht zu machen, ohne sie so zu schneiden, dass ihr Flor beinträchtigt wird. Kornelkirsche oder Kolkwitzie seien hier genannt.

Und schließlich gibt es alle denkbaren Übergänge zum völlig wild wuchernden Gehölzstreifen. Gemäßigter Formschnitt ist genauso möglich wie ein regelmäßiges Auf-Stock-setzen alle paar Jahre.

Eine vielfältige Hecke kommt nicht nur der Tierwelt zugute– sie erfreut auch Auge, Nase und Gaumen, kann uns Apotheke sein und unterstützt das Gärtnern ohne chemischen Pflanzenschutz. Denn in der gemischten Hecke selbst ist Pflanzenschutz nicht notwendig, da Seuchen und Massenbefälle nur in Monokulturen Schaden anrichten und Nützlinge genügend Lebensraum finden. Aus den Hecken kommen die Nützlinge auch auf die freien Gartenflächen, die Gemüse- und Blumenbeete, die ihnen sonst keinen Lebensraum bieten.

Wuchseigenschaften und Standortsansprüche beachten!

Wichtig ist allerdings die richtige Artenauswahl. Es gibt stark wüchsige Sträucher, die andere bedrängen. Es kann aber auch ein an sich stark wüchsiger Strauch am falschen Standort von einem schwächer wüchsigen, für den der Standort optimal ist, verdrängt werden.

Es ist also von Bedeutung, sich über Wuchseigenschaften und Ansprüche zu informieren. Dazu müssen entweder spezielle Literatur, die Fachberater örtlicher Gartenvereine oder das Fachpersonal Ihrer Baumschule herangezogen werden.

Generell sind ausläufertreibende oder rasch wüchsige Arten konkurrenzschwächer als nicht ausläufertreibende und langsam wachsende. Bei gemischter Pflanzung werden die konkurrenzschwachen Arten zuerst das Bild prägen, um später abgelöst zu werden. Es können durchaus verschiedene Etagen gebildet werden, niedrigere Sträucher im Vordergrund oder schattenverträgliche Arten unter höheren.

Sogenannte Spreizklimmer, wie Kletterrosen oder Brombeeren, können eine Hecke durchziehen.

Bei Schlingern und Rankern muss man vorsichtig sein: Einige Arten, wie der Schlingknöterich oder die Berg-Waldrebe *(Clematis montana)* können so stark wachsen, dass sie die Sträucher ersticken. Das kann durchaus reizvoll wirken, ist aber selten erwünscht. Gut geeignet hingegen ist die Alpen-Waldrebe mit ihren Verwandten *(Clematis alpina, C. macropetala)*.

Rosen werden in den meisten Gärten verhätschelt. Bei Strauch- und Kletterrosen ist das nicht notwendig. Sie wachsen durchaus auch in Hecken. Allerdings sind nicht alle Sorten überall winterfest.

Besonders gut machen sich Wildrosen, die auch ökologisch wertvoll sind.

Ein Paradies für unzählige Tierarten und eine Augenweide: bunt gemischte Hecke

Blütenhecken

Wer bunte Blütenpracht im Garten wünscht, kann das auch mit Hecken erreichen. Die Hauptblütezeit der meisten heimischen Gehölze liegt im Frühjahr. Bei richtiger Artenzusammenstellung erfreuen jedoch Blüten bis zu den ersten Frösten. Sogar für die Wintermonate bieten Baumschulen blühende Gehölze an.

Bei der Planung einer Blütenhecke sollte natürlich darauf geachtet werden, dass gleichzeitig blühende Arten und Sorten farblich harmonieren. Bei heimischen Wildgehölzen gibt es hier kaum Probleme, denn Weiß und Gelb passen zusammen. Das Rosa bis Rot von Zierkirschen und Blut-Johannisbeere passt ebenfalls dazu. Problematische Farbkombinationen können vor allem die vielen Farbsorten von Rose, Sommerflieder und Hibiskus ergeben.

Im Jahreslauf wird sich eine Farbverlagerung ergeben. Der Frühling beginnt mit Gelb, Weiß und Rosa. Ab Frühsommer kommen lila und violette Töne dazu. Bei den heckenbildenden Sommerblühern treten gelbe Töne in den Hintergrund. Rote und violette Töne dominieren. Die wenigen Herbstblüher allerdings zeigen vorwiegend gelbe Töne. Blüten dienen nicht nur der Zierde, sondern sind auch Nahrung für viele Tiere. Dabei darf man allerdings nicht nur an Bienen denken. Pfaffenhütchen beispielsweise haben Fliegenblüten, die von Bienen nicht besucht werden. Typische Schmetterlingsblumen hat unter den Sträuchern nur der Sommerflieder, Hummelblüten sind bei Weigelie und Kolkwitzie ausgeprägt. Rosen haben recht unspezifische Käfer- und Hautflüglerblüten. Man darf allerdings nicht glauben, dass nur die „geladenen Gäste" Nektar und Pollen nutzen, andererseits gibt es gerade unter den Wildbienen sehr wählerische Arten, die nur bestimmte Blüten besuchen.

Hecken-Rosen sind vielseitig: Ihre hübschen Blüten duften fantastisch, ihre Früchte sind für Tees und Marmeladen geeignet.

Nektarpflanzen

FÜR WILDBIENEN IST DIE HITLISTE HEIMISCHER GEHÖLZE IN ABSTEIGENDER REIHUNG
(von 34 bis 10 Arten):

Sal-Weide, Brombeer-Arten, Ohr-Weide, Schlehe, Holz-Apfel & Purpur-Weide, Zweigriffeliger Weißdorn & Feld-Ahorn & Grau-Weide, Vogel-Kirsche & Dorniger Hauhechel, Wild-Birne, Stechpalme, Kriechender Hauhechel & Heidelbeere & Wilde Rosen

Buntlaubige Gehölze bieten guten Kontrast zu kräftigen Blütenfarben.

Blütensträucher für jede Jahreszeit

VORFRÜHLING: *Winter-Heckenkirsche, Hasel, Schnee-Kirsche, Kornelkirsche, Weiche Zaubernuss*

FRÜHLING: *Forsythie, Felsenbirne, Blut-Johannisbeere, Gold-Johannisbeere, Mahonie, Steinobst, Sal-Weide*

FRÜHSOMMER: *Berberitze, Flieder, Goldregen, Roter Hartriegel, Heckenkirsche, Holunder, Liguster, Mispel, Pfeifenstrauch, Historische, Strauch- und Wilde Rosen, Schneeball, Wechselblättriger Sommerflieder, Spierstrauch, Weigelie*

HOCHSOMMER: *Wald-Geißblatt, Strauch-Kastanie, Jelängerjelieber, Strauch-Rosen, Sommerflieder, Spierstrauch*

SPÄTSOMMER: *Syrischer Eibisch, Strauch-Rosen, Sommerflieder*

HERBST: *Efeu, Strauch-Rosen, Virginia-Zaubernuss*

WINTER: *Schnee-Kirsche, Winter-Schneeball, Hybrid-Zaubernuss*

Der Pfeifenstrauch (Philadelphus) wird auch Falscher Jasmin genannt, seine weißen Blüten duften zart nach Orangenblüten.

Pollenreiche Blüten sind bei Käfern beliebt.

Fruchthecken

Ähnlich den Blütenhecken bieten auch Fruchthecken einen schönen Anblick. Ab den Sommermonaten können Blüten und Früchte einander ergänzen.

Dabei ist auch wieder auf die Farbabstimmung zu achten. Das gilt unabhängig davon, welchen Zweck man mit der Hecke verfolgt. Es müssen dreierlei Motivationen unterschieden werden:

1.) **Die dekorative Fruchthecke**

2.) **Die Vogelhecke mit attraktiven Futterfrüchten**

3.) **Die Naschhecke, die nicht nur Kindern Interessantes bietet**

Die Trennung in die drei Typen ist keine scharfe. Sowohl Essbares wie auch Vogelnahrung können zierend sein, was uns schmeckt, schmeckt oft auch Vögeln. Bei richtiger Auswahl haben wir von Ende Juni bis Jänner fruchtende und teilweise nutzbare Hecken.

Egal auf welchen Typ man den Schwerpunkt legt, immer wird der Gedanke an Beerenfrüchte der erste sein.

Dabei gibt es durchaus auch andere dekorative Früchte. Blasenbaum *(Koelreuteria)* und Pimpernuss *(Staphylea)* mit blasig aufgetriebenen Früchten sind Beispiele dafür. Einige Trockenfrüchte bildende Arten täuschen Beeren vor, wie die Scheinkerrie *(Rhodotypos)* mit ihren großen, schwarzglänzenden Nüsschen. Strauchpäonien, die wir hauptsächlich als Blütensträucher kennen, bilden hübsche, sternförmige Kapseln von langer Haltbarkeit.

Bei den Naschhecken muss man sich ebenfalls nicht auf Herkömmliches beschränken. Zur Zeit boomt Alternativobst, worunter Wildobst, Auslesen und Zuchtformen davon, bei uns neu als Nahrungspflanzen entdeckte Exoten und alte, vergessen gewesene Obstsorten gleichermaßen zusammengefasst werden. Es gibt auch Früchte, die nicht frisch verwendbar sind, sondern verarbeitet werden müssen. Ihnen sollte man ebenfalls Beachtung schenken, auch wenn der Frischverzehr normalerweise im Vordergrund steht. Schließlich muss auch noch erwähnt werden, dass das junge Laub der Buche ein gutes Gemüse ergibt.

Fruchthecken stehen natürlich nicht im Gegensatz zu den Blüten- oder anderen bunten Hecken. Viele Fruchtsträucher zeigen hübsche Blüten. Auch eine Kombination mit Blütensträuchern ist durchaus möglich.

Laubbunte Formen sind bei zum Verzehr geeigneten Fruchtsträuchern selten, aber auch diese sind ja in Kombinationen verwendbar.

Wenn einzelne Sträucher der Hecke zur Gewinnung von Obst dienen, sollte allerdings darauf geachtet werden, dass sich keine verwechselbaren giftigen Arten in direkter Nachbarschaft zu ihnen befinden. Dabei darf nicht nur der Kenntnisstand des seine Sträucher wahrscheinlich sehr gut kennenden Gärtners berücksichtigt werden, auch andere Mitbenutzer, vor allem Kinder müssen die Früchte unterscheiden können!

Belgische Hecken sind eine spezielle Form der Obsthecken, die eigentlich nicht gerade als gemischte Hecken bezeichnet werden können, aber dennoch hier besprochen werden.

Zierende Fruchthecke

Wer den Fruchtschmuck möglichst lange genießen will, sollte eher exotische Gehölze wählen. Allerdings ist auch hier nicht gesichert, dass sie von unseren Vögeln nicht leer gefressen werden. Gerade Amseln können sich auch auf exotische Früchte einstellen und räumen so manchen Zierstrauch in wenigen Tagen ab.

Bunte Beeren oder Steinfrüchte sind prinzipiell Vogelfrüchte und daher für Vögel nicht giftig.

Länger Freude hat man mitunter an Säugetier-Früchten. Sie zeichnen sich durch wahrnehmbaren Geruch und in der Wildform blasse Farben aus. Zierformen mit farbigeren Früchten existieren auch, z.B. Zieräpfel.

Bietet die Hecke allerdings auch Säugetieren wie Bilchen Unterschlupf oder besuchen Eichhörnchen regelmäßig den Garten, so können auch diese Früchte rasch abgeräumt werden. Einen lang andauernden Fruchtschmuck mit einer naturnahen Hecke zu verbinden ist also schwierig und gelingt eigentlich nur durch das Pflanzen von Sträuchern mit verschiedenen Reifezeiten.

Lange vor allen anderen Arten fruchtet die Ulme, wobei die Feld-Ulme die beste Art für Hecken darstellt. Ihre leuchtend hellgrünen Früchte entwickeln sich gleich nach der Blüte noch vor oder gleichzeitig mit dem Laubaustrieb. Schon im Juni allerdings sind die in dichten Büscheln stehenden plättchenartigen Früchte wieder abgefallen.

Fruchthecken bieten noch dann bunte Flecken, wenn der Winter Einzug gehalten hat.

Duftende Früchte

Neben optisch interessanten Früchten sollen die duftenden nicht unbeachtet bleiben. Im Freiland ist ihr Duft zwar zu schwach um aufzufallen, aber im Zimmer aufgelegt sorgen sie für eine fruchtige Note. Es handelt sich dabei immer um Säugerfrüchte. Den intensivsten angenehmen Duft haben Bitterorange, Quitte und der interessante Osagedorn. Die kugelrunden Scheinfrüchte des Osagedorns bringen bis über 1/2 kg auf die Waage und haben eine Gehirnwindungen ähnliche Oberflächenstruktur.

Artenauswahl:

Rot: Erdbeerbaumblättrige Apfelbeere, Berberitzen-Arten, Essigbaum, Feuerdorn, Gemeiner Schneeball, Heckenkirschen-Arten, Seidelbast, Pfaffenhütchen, Stechpalme, Vogelbeere, Weichsel, Weißdorn, Zieräpfel, Zwergmispel

Schwarz/Blau: Schwarzfrüchtige Apfelbeere, Berberitzen-Arten, Blauschotenbaum, Faulbaum, Felsenbirnen, Roter Hartriegel, Heckenkirschen-Arten, Kreuzdorn, Liguster, Losbaum, Mahonie, Scheinkerrie, Wolliger Schneeball

Rosa/Violett: Korallenbeere, Schönfrucht

Orange: Bitterorange, Feuerdorn, Sanddorn, Zieräpfel

Gelb: Feuerdorn, Zieräpfel

Weiß: Weißer Hartriegel, Schneebeere

Grün/Braun: Blasenstrauch, Erlen, Erbsenstrauch, Osagedorn, Ulme

Fruchtschmuck im Winter: Berberitzen-Arten, Bitterorange, Erlen, Feuerdorn, Roter und Weißer Hartriegel, Korallenbeere, Liguster, Losbaum, Mahonie, Pfaffenhütchen, Sanddorn, Scheinkerrie, Schneebeere, Schönfrucht, Stechpalme, Vogelbeere, Zwergmispel

Pimpernuss (Staphylea)

Vogelhecke

Wie bereits erwähnt, sind Vogelfrüchte an ihren leuchtenden Farben erkennbar. Rot, Blau und Schwarz sind bei uns am häufigsten. Die Trennung Vogel- versus Säugerfrüchte ist natürlich keine ganz strenge, wie wir von uns selbst wissen: Himbeeren, Brombeeren oder Erdbeeren sind Beispiele für Vogelfrüchte, die auch uns schmecken.

Von vielen Vögeln werden Säugetierfrüchte wie Wild-Birnen oder Holz-Äpfel als Zubrot gerne gefressen. Vögel sind Augentiere, die ihr Futter vorwiegend nicht mit dem Geruchssinn finden, sondern zu ihrer Umgebung stark kontrastierende Früchte bevorzugen. Welche Früchte am günstigsten sind, hängt vom Vogelbestand des Gebietes ab. Heimische Pflanzen sind eindeutig zu bevorzugen.

Wichtig ist eine möglichst breite Streuung der Reifezeiten, beginnend mit Johannisbeeren im Juni/Juli bis zu den Arten, die noch im Winter bunte Früchte tragen. Bei Exoten werden jene Arten am ehesten genutzt, die keine zu unüblichen Farben haben.

Violettfrüchtige Arten wie die Schönfrucht werden von unseren Vögeln als letztes als fressbar erkannt, in den Folgejahren allerdings die bekannten Früchte nach geschmacklicher Präferenz gefressen.

Hecken, die Säugetieren Nahrung bieten, sind eher im Freiland wichtig. Im Garten werden sich lediglich Mäuse, die in der Regel unerwünscht sind, und günstigstenfalls Bilche wie Garten- und Siebenschläfer dauerhaft niederlassen. Bilche fressen auch Vogelfrüchte, daneben sollten Nüsse vorhanden sein.
Für eine vielfältige Vogelpopulation dürfen nicht nur die Früchte beachtet werden. Gerade in der Brutzeit sind Insekten die Nahrungsgrundlage der Vogelwelt. Eine besonders reichhaltige Insektenfauna lebt zum Beispiel an Wildrosen. Im Winter sollten zudem ölreiche Samen von Stauden zur Verfügung stehen. Daher ist es von Vorteil, den Rückschnitt in Staudenbeeten erst im Frühjahr durchzuführen. Natürlich stehen auch in den Saumgesellschaften viele Arten zur Verfügung. Disteln und Beifuß sind besonders beliebt. Disteln werden außerdem auch von vielen Insekten genutzt, was auch wieder den Vögeln zu Gute kommt. Damit für Heckenbrüter Nistmöglichkeiten bestehen, sollten vor allem in katzenreichen Gebieten einige Dornsträucher gewählt werden. Um das Brüten zu erleichtern, können im Herbst einige Äste trichterartig zusammengebunden werden.

Für Mitteleuropa allgemein gilt folgende Reihung von 63 bis 15 fressenden Vogelarten: Vogelbeere, Schwarzer Holunder, Vogel-Kirsche, Trauben-Holunder, Gemeiner Wacholder, Himbeere, Faulbaum, Rote Johannisbeere, Weißdorn & Brombeer-Arten, Mistel, Wildrosen, Roter Hartriegel & Pfaffenkapperl & Trauben-Kirsche & Wild-Birne & Eibe, Gemeiner Schneeball, Gemeiner Liguster & Gemeine Felsenbirne, Schlehe, Holz-Apfel & Gemeine Berberitze & Kreuzdorn & Jungfernrebe, Sanddorn, Kornelkirsche & Feld-Ahorn & Wolliger Schneeball.

► ***Zieräpfel sind durch ihren Geruch für Säugetiere und durch ihre Färbung für Vögel interessant.***

Naschhecke

Mit Hecken verbindet man häufig Wildobst. Es wird wie anderes alternatives Obst zunehmend populär. Von Wildobst spricht man bei Wildsträuchern, die beerntet werden. Diese Sträucher können natürlich auch in den Garten gebracht werden. Es werden bald besser tragende Klone ausgesucht und schließlich gezielt neue Sorten gezüchtet. Spätestens dann kann man nicht mehr von Wildobst sprechen. Wenn es von einer Obstart erst seit kurzem Kultursorten gibt, ist daher von Neuem Obst die Rede.

Gartenobst

Heckentauglich sind die meisten strauchförmigen Arten: Haselnuss, Johannisbeere, Kiwi, Kokuwa, Maulbeere, Stachelbeere, Weintraube. Es muss aber in einer dichten, gemischten Hecke mit geringeren Erträgen gerechnet werden, da sich die Sträucher gegenseitig beschatten und nicht so geschnitten werden können, dass es maximale Erträge gibt.

Auch manche Obstsorten, die man sonst baumförmig zieht, lassen sich strauchförmig ziehen. Am leichtesten ist das bei Weichsel, Birne und der Pflaumen-Verwandtschaft.

Marillen und Äpfel lassen sich ebenfalls verwenden. Pfirsiche und Nektarinen sind zwar kleinwüchsig, doch ertragen sie die Beschattung in einer dichteren Hecke nicht. Kirschen und Walnüsse sind wegen ihrer Starkwüchsigkeit ungeeignet.

Himbeeren sind für gemischte Hecken untauglich. Sie können nur heckenbegleitend als Saumpflanzung verwendet werden.

Brombeeren, Taybeere und Japanische Weinbeere dagegen wachsen problemlos als Spreizklimmer in der Hecke.

Altes Obst

Neben alten Gartenobstsorten müssen hier Mispel, Quitte und Sanddorn genannt werden. In der Pflaumenverwandtschaft gibt es ebenfalls einige Formenkreise, die kaum mehr kultiviert werden: Kirschpflaume oder Myrobalane, Krieche und Ziberl, Mirabelle und andere.

Stachelbeeren stammen aus schattigen Wäldern.

Exotisches Neues Obst und Wildobst

Von der Apfelbeere gibt es zwei Arten regelmäßig als Ziergehölze im Handel, eine bereits auch in Fruchtsorten. Nahe verwandt sind die ebenso schmackhaften Felsenbirnen, von denen noch keine Auslesen existieren. Als „Zitrone des Nordens" wird die Scheinquitte 'Cido' verkauft.

Eine der wichtigsten Neuentdeckungen der letzten Jahre ist der exotisch schmeckende Papau *(Asimina triloba)*. Die Früchte der häufig als Ziersträucher gepflanzten Mahonien sind etwas sauer, aber für Marmeladen und Konfitüren brauchbar. Mehlig sind die Früchte der nächsten Verwandten des Sanddorns, der Ölweiden.

Aus der Brombeerverwandtschaft eignen sich einige als Ziersträucher angebotene *Rubus*-Arten zum Verzehr.

Heimisches Neues Obst und Wildobst

Zum Frischverzehr eignen sich relativ wenige Wildobstarten. Im Wesentlichen sind es die Wildformen von schon lange kultivierten Arten wie Johannisbeere, Sanddorn und Stachelbeere. Unter den heimischen Brombeer-Arten gibt es viele wohlschmeckende. Heidelbeerähnliche Früchte im Juni/Juli bringt die Gewöhnliche Felsenbirne. Sie gehört zu den wenigen Apfelverwandten mit frisch genießbaren Früchten. Beim Steinobst ist die Zwerg-Weichsel zu nennen. Geschmacklich der Weichsel ähnlich ist die Kornelkirsche mit ihren Auslesen. Die Gemeine Berberitze schmeckt säuerlich und ist hervorragend für Konfitüren geeignet. Hagebutten dürfen hier ebenfalls nicht fehlen, obwohl sich nur wenige großfrüchtige Arten für den Frischverzehr lohnen. Es gibt sie in großer Vielfalt: Je nach Artdefinition ca. 20 bis 50 Arten sind bei uns heimisch. Die schwarzfrüchtige Bibernell-Rose ist genauso verwendbar wie rotfrüchtige Arten. Sie werden zumeist für Konfitüren oder getrocknet für Tees verwendet. Bei der in warmen Wäldern vorkommenden Pimpernuss sind die Samen essbare, erbsengroße Kügelchen in aufgeblasenen Kapseln.

Verarbeitet genießbare Früchte

Viele Früchte können erst verarbeitet verwendet werden. Oft ist es ihr hoher Gerbstoffgehalt, der erst durch Frost

Die echten Nüsse der Haselnuss werden seit Menschengedenken genutzt.

oder Hitze zerstört werden muss, manchmal sind es Giftstoffe, die durch Kochen zerstört werden. Die Früchte können dann für Konfitüren, Marmeladen, Mus, Säfte, zur Likörbereitung oder zum Backen verwendet werden.

Der Schwarze Holunder hat roh giftige Steinfrüchte. Beim Kochen jedoch zersetzt sich das Gift. Beim verwandten Trauben-Holunder ist die Giftdosis höher, darum muss länger erhitzt werden. Unsere dritte Holunder-Art, der Attich oder Zwerg-Holunder, ist eine dem Schwarzen Holunder ähnliche Staude. Seine Giftdosis ist noch höher, weswegen er keinesfalls verwendet werden darf.

In geschlossenen Hecken bringen Johannisbeeren geringeren Ertrag.

Die Beeren des Gemeinen Schneeballs können entgegen der weitverbreiteten Meinung nach dem Kochen gefahrlos genossen werden und sind reich an Vitamin C.

Die wichtigste Gattung aus der Apfelverwandtschaft ist *Sorbus*, hier wieder die Eberesche oder Vogelbeere am bekanntesten. Wegen des hohen Gerbstoffgehaltes werden die Scheinfrüchte erst nach Frosteinwirkung verwertbar. Es gibt aber auch gerbstoffarme Sorten, die als Mährische Ebereschen zusammengefasst werden. Auch erst nach Frosteinwirkung genießbar werden die braunen Früchte der Elsbeere. Sie sind recht sauer und mehlig. Schon vor Frosteinwirkung zu ernten sind die fade schmeckenden und trocken-mehligen Mehlbeer-Arten sowie deren Hybriden mit anderen Sorbus-Arten, von denen viele in Russland entwickelt wurden. Sie werden, wie die verwandten Weißdorn-Arten, meist zum Backen, aber auch in der Schnapsbrennerei verwendet. Wilde Apfel- sowie Birnen-Arten sind allenfalls als Mostobst verwendbar. Die vitaminreiche Schlehe schmeckt erst nach Frosteinwirkung gut, ist dann aber auch zum Frischverzehr geeignet. Es gibt großfrüchtige und sogar gerbstoffarme, vor Frosteinwirkung genießbare Auslesen.

Apfelbeeren werden schon lange kultiviert – dass ihre Früchte wohlschmeckend sind, spricht sich erst langsam herum.

Belgische Hecke

Eine Sonderform unter den „Naschhecken“ ist die Belgische Hecke, sozusagen eine Hecke aus Spalierobst. Dabei werden Obstbäume (in der Regel Äpfel oder Birnen) mit Hilfe eines Gerüstes zu einer Hecke erzogen.

Die Belgische Hecke ist nicht nur sehr arbeitsaufwändig, sondern erfordert auch einiges an gärtnerischem Geschick. Verwendet werden Sorten, die auf schwachwüchsige Unterlagen veredelt wurden, sodass der Baum von Haus aus eher strauchartig und nicht sehr hoch wächst. Im Erwerbsobstbau werden solche Pflanzen als sogenannte Büsche erzogen.
Am geeignetsten für eine Belgische Hecke sind Birnen, die auf Quitten veredelt worden sind.

Regelmäßige Pflege ist lebensnotwendig für diese Form. Es besteht wie bei jedem veredelten Obstbaum die Gefahr, dass die Unterlage durchtreibt. Sollte das der Fall sein, muss man die durchtreibenden Äste möglichst früh entfernen.

Details einer frisch angelegten Belgischen Hecke

Damit solche Hecken auch reichlich fruchten, ist regelmäßiger fachkundiger Schnitt notwendig. Aufgrund des dichten Stands der Obstbäume kann man die Anlage nur an sonnigen Stellen in Richtung von Süden nach Norden empfehlen. Bei schattigem Standort ist die Ausbildung qualitativ hochwertiger Früchte nicht sehr wahrscheinlich.

Sind die entsprechenden Voraussetzungen, vor allem die richtige Pflege, gegeben, kann eine Belgische Hecke eine sehr kunstvolle und schöne Alternative zu einem Zaun sein. Wohlgemerkt zu einem Zaun, nicht zu einer dichten Hecke aus Sträuchern, denn deren Blickdichte kann man mit Obstbäumen nicht erreichen. Allerdings sieht eine Belgische Hecke auch im Winter sehr schön aus mit ihrem einem Flechtzaun ähnlichen Muster.

Anlegen einer Belgischen Hecke

Wichtig bei der Anlage dieser Heckenform ist vor allem, dass man auf Gleichmäßigkeit achtet. Die Stämme der Bäumchen sollen schön gerade und immer im gleichen Abstand zueinander, die Äste möglichst genau in 45° Winkeln stehen.

Man verwendet einjährige Veredelungen, die an ein entsprechendes Gerüst gepflanzt werden. Der Abstand zwischen den Pflanzen sollte etwa 60 bis 70 cm betragen. Die quer laufenden Gerüstdrähte werden in einem Abstand von etwa einem halben Meter gespannt.

In einer Höhe von etwa 40 cm sollte die Vergabelung erfolgen. Hier schneidet man die Pflanze auf zwei gut entwickelte Augen ab. Die Triebe, die daraus entstehen, werden in entgegengesetzter Richtung gezogen, und zwar so, dass ein Ast vor und der andere hinter dem Spalierstab liegt.

Die hohe Kunst des Gärtners zeigt sich in einer Belgischen Hecke.

Laubzierende Hecken

Nicht nur Blüten und Früchte können Hauptzierde der Hecke sein, auch das Laub macht sie attraktiv. Wobei natürlich hier wieder Kombinationen möglich sind. Vor allem von vielen Blütensträuchern gibt es blattbunte Sorten, bei Obststräuchern dagegen kaum.

Unter den Immergrünen gibt es einige Arten und Sorten mit Beerenschmuck und durchaus auch Blütensträucher wie Rhododendren können in geeigneten Klimaregionen und bei idealen Bodenvoraussetzungen in Hecken verwendet werden, sofern man beim Schnitt auf ihre eigenen Ansprüche Rücksicht nimmt. Immergrüne lassen sich mit Sommergrünen kombinieren.

Und schließlich gibt es bei den Immergrünen blattbunte Sorten. *Aucuba japonica* 'Crotonaefolia' beispielsweise ist als Kübelpflanze bekannt, aber genauso im Freiland zu verwenden. Von der Stechpalme gibt es eine große Zahl an buntblättrigen Sorten. Im Herbst bilden verschiedene Sommergrüne eine intensive Blattfärbung aus, die vor allem mit Immergrünen herrlich kontrastiert.

Viele Sorten des Japanischen und des Fächer-Ahorns vereinen eine interessante Blattform mit Blattbuntheit und einer attraktiven Herbstfärbung. Bei den meisten Pflanzen mit bunten Blättern handelt es sich um Züchtungen, die Blattfärbungen sind oft außergewöhnlich. Einige Strahlengriffel wie die sibirische *Actinidia kolomikta* zeigen eine eigenartige Zeichnung: Einige Blätter sind, oft wie mit dem Lineal gezogen, in einen grünen und einen hellen, im Idealfall weißen Bereich geteilt. Sonnenexponierte Blätter und Blatteile sind bei den hübschesten Formen rosa überlaufen. Wichtig ist es, die Fernwirkung zu berücksichtigen. Viele blattbunte, vor allem panaschierte Sorten wirken aus der Nähe und vor allem in Einzelstellung hervorragend, verleihen einer Hecke aber ein krankes Aussehen.

Was nicht vergessen werden darf, sind jene Gehölze, die durch ihre Blattform auffallen.

Strauchpäonien bieten farnartige Blätter, die aber vor zu stark wuchernden Nachbarn geschützt werden müssen.

Die filigranen Blätter der Faulbaum-Sorte *Frangula alnus* 'Asplenifolia' wirken ebenfalls interessant.

Der Ginkgo mit seinen fächerförmigen Blättern kann auch strauchförmig gehalten werden.

Wintermilde Gebiete ermöglichen es, wenige Arten und Sorten der Passionsblumen mit ihren handförmigen Blättern durch die Hecke ranken zu lassen. Andere Sträucher haben zwar keine eigentümlich geformten Blätter, sind aber durch andere Eigenheiten interessant: *Helwingia japonica* beispielsweise trägt ihre unscheinbar gelbgrünen Blütenstände und in der Folge schwarze Beeren auf den Blättern! Der Winter-Jasmin, der als Spreizklimmer durch die Hecke wächst, ist ein sogenannter Rutenstrauch, der einen großen Teil des Jahres keine Blätter besitzt, sondern mit seinen grün bleibenden Ästen assimiliert.

Die farbliche Wirkung laubbunter Hecken muss gründlich überlegt werden. Nicht immer entsteht eine ansprechende Fernwirkung.

Immergrüne Heckenpflanzen

Wenn im Winter die Tage trüb sind und der Garten großteils kahl und leer geräumt wird, freut man sich über jedes Stück Grün, das beweist, dass die Natur lediglich schläft.

So wird auch der Wunsch vieler Gartenbesitzer verständlich, immergrüne Pflanzen in ihrem Garten zu haben.

Die meisten der immergrünen Gehölze gehören zu der Gruppe der Nadelgehölze; viele von ihnen finden Sie beim Kapitel „Klassische Hecken", da sie sich für streng geschnittene Hecken gut eignen.

Doch auch in frei wachsende Hecken lässt sich der eine oder andere immergrüne Strauch gut integrieren. Im Sommer treten die meist dunkelgrün gefärbten Immergrünen dezent in den Hintergrund um der Farbenpracht der Blüten- und Fruchtsträucher Geltung zu verschaffen.

Nachdem das Leuchtfeuer der Herbstfärbung dann zu Ende gegangen ist, werden die stillen Grünen zum Mittelpunkt des spätherbstlichen und winterlichen Gartens.

Pflege

Gemeinsam ist den Immergrünen, vor allem den Laubgehölzen, dass sie gerne feuchtere Standorte haben.

Die Frosthärte ist bei vielen Arten leider nur bedingt gegeben, oft ist Winterschutz vonnöten.

Immergrüne verdunsten im Gegensatz zu allen sommergrünen Gewächsen auch im Winter ständig Wasser. In schneearmen oder windigen Gegenden kann das zur sogenannten Frosttrocknis führen, bei der die Pflanze nicht, wie manchmal angenommen, erfriert, sondern vielmehr vertrocknet. Gegenmaßnahmen: Immergrüne im Spätherbst sowie in warmen frostfreien Perioden des Winters gründlich wässern; bei empfindlichen Arten ist zusätzlich Winterschutz mit Reisig oder Stroh angebracht. Schnee bietet sehr guten Schutz vor Frosttrocknis, man soll ihn also durchaus auf den Pflanzen belassen. Lediglich sehr nassen Schnee sollte man von den Ästen schütteln, da durch das hohe Gewicht die Gefahr von Astbrüchen besteht.

► *Stechpalmen gehören zu den schönsten immergrünen Gehölzen für unsere Breiten.*

Wichtige Arten

Ein Klassiker unter den immergrünen Gartensträuchern ist die Lorbeerkirsche *(Prunus laurocerasus)*, die recht robust ist. Sie eignet sich auch für streng geschnittene Hecken. Ausgesprochen zierend ist die Gruppe der Stechpalmen *(Ilex)*. Von ihnen gibt es auch panaschierte und gelblaubige Formen. Zusätzlich tragen einige Arten auffällige Früchte, die sich oft lange in den Winter hinein halten.

Die Mahonie *(Mahonia aquifolium)* wurde ihrer verwertbaren und dekorativen Früchte wegen bereits erwähnt. Ihre dornig gezähnten, glänzend dunkelgrünen Blätter sind immergrün, weshalb sie auch hier genannt wird.

Buntlaubige Heckenpflanzen

Auffällige Akzente können buntlaubige Sträucher in Hecken setzen. Man sollte die Verwendung allerdings nicht übertreiben. Eine Pflanzung, in der rotlaubige Sträucher mit weiß panaschierten und gelbblättrigen abgewechselt werden, wirkt leicht übertrieben bunt und gekünstelt.

Richtig zur Wirkung kommen Buntlaubige nur, wenn auch ganz gewöhnliche grüne „Füllsträucher" im Hintergrund stehen. Genau überlegen sollte man den Einsatz von Buntblättrigen auch in einer Blütenhecke, denn das schwärzliche Rot einer rotlaubigen Sorte des Perückenstrauchs wirkt in Kombination mit den zartrosa Blüten einer Kolkwitzie beispielsweise recht eigentümlich.

Buntlaubige Sorten sind im allgemeinen ein wenig pflegebedürftiger als ihre gewöhnlichen Verwandten. Sie benötigen zumeist viel Licht, um ihre hübsche Farbe ausbilden zu können, reagieren aber oft sehr empfindlich auf starke direkte Sonneneinstrahlung.

Buntlaubige Sträucher können interessante Akzente in Hecken setzen. Es gibt weiß panaschierte Sorten der Weigelie.

Wichtige Arten

Spindelstrauch

Nicht nur buntlaubige Formen bietet uns der Spindelstrauch *(Euonymus fortunei)*, er zählt auch zu den Immergrünen. Er wächst kriechend oder kletternd, viele Sorten werden nur wenige cm hoch. Vor allem im Vordergrund kann man ihn also gut verwenden.

Ahorn

Sehr reich ist die Auswahl an buntlaubigen und panaschierten Sorten bei den strauchförmigen Ahornen. Vor allem die japanischen Arten bieten etliche Rottöne, während unter den nordamerikanischen auch viele weiß panaschierte und gelblaubige Sorten zu finden sind.

Hartriegel

Vor allem gelb- und weiß panaschierte Sorten findet man in der Gruppe der Hartriegel *(Cornus)*. Erwähnt werden muss hier auch *Cornus alba* 'Sibirica' eine sehr schöne Gartensorte, die zwar nicht durch bunte Blätter, dafür aber durch eine leuchtend rote Rinde punktet und so im Winter eine echte Zierde ist.

Ölweide
Ein sehr knalliges Gelb legt die Buntlaubige Ölweide (*Eleagnus pungens* 'Maculata') an den Tag. Sie bevorzugt allerdings Weinbauklima.

Weigelie
Die Weigelie kennen die meisten als Blütenstrauch. Auch von ihr gibt es allerdings weiß panaschierte Arten.

Berberitze
Neben der recht bekannten Blut-Berberitze (*Berberis x ottawensis* 'Superba'), deren Färbung nicht jedermanns Sache ist, gibt es auch Aurea-Formen, also solche, die gelbe Blätter haben.

Blut-Myrobalane
Von der Kirschpflaume, auch Myrobalane genannt, gibt es ebenfalls eine rotlaubige Form (*Prunus cerasifera* 'Nigra'). Sie wird allerdings zu einem eindrucksvollen Großstrauch oder Kleinbaum, weshalb man in kleineren Gärten wohl der Zwerg-Blut-Pflaume *(Prunus x cistena)* den Vorzug geben wird.

Haselnuss
Weit verbreitet sind die Blutformen verschiedener Haselnuss-Arten *(Corylus)*.

Der rotlaubige Perückenstrauch wächst anfangs langsam, wird später aber zum Juwel im Garten.

Herbstfärbung

Nicht alle sommergrünen Gehölze zeigen auch schöne Farben im Herbst. Manchmal gibt es überhaupt nur dumpfe braungrüne Töne, wie bei der Weigelie oder dem Sommerflieder. Gerade viele heimische Sträucher haben zwar eine eigene Herbstfärbung, aber keine sehr kräftigen Farben.

Die größte Leuchtkraft erreichen Gehölze Nordamerikas und Ostasiens. In den USA wird der bunte Herbst auch als „Indian Summer" bezeichnet.

Die nicht immergrünen asiatischen Arten der Gattung *Euonymus*, in unserer heimischen Flora durch das Paffenhütchen vertreten, kombinieren kräftig rote Blattfärbung mit interessantem Fruchtschmuck, der nach dem Laubfall noch durch Zweige mit oft bizarren Korkformationen schmückt. In leuchtendem Gelb kontrastiert dazu der Ginkgo. Viele asiatische Ahorn-Arten zieren nach dem Fall des leuchtend gelben, orangen, oder kräftig feuerroten Laubes eine außergewöhnliche Rinde, wie den Schlangen- oder den Zimtahorn.

Die Blätter mancher Sorten der winterblühenden Zaubernuss färben sich kräftig rot.

Das helle Orange des Eisenbaumes *(Parrotia persica)* steht ziemlich einzigartig da. Bis zum späten Laubfall kräftig grün bleibt der Guttaperchabaum *(Eucommia ulmoides)*.

Unter den als Obst verwendbaren Fruchtsträuchern trägt die Felsenbirne das schönste herbstliche Kleid, gefolgt von

Die Herbstfärbung von Gehölzen ist wetterabhängig. Der Ginkgo leuchtet in kräftigem Gelb.

der Apfelbeere. Bei den Europäern hat der Perückenstrauch in allen seinen Sorten die kräftigste Laubfärbung im Herbst, aber auch die gewöhnliche Rot-Buche darf nicht unerwähnt bleiben. Die herbstliche Verfärbung des Laubes wird nicht immer gleich ausfallen. Sie ist vom lokalen Klima und vom jährlich wechselnden Wetterverlauf abhängig. Es ist also am günstigsten, sich anzuschauen, wie die Herbstfärbung bestimmter Gehölze in der Umgebung ausfällt.

Das helle Orange des Eisenbaumes (Parrotia persica) ist einzigartig.

Früchte und strahlend rote Blätter zieren die Zweige des Pfaffenhütchens.

Pflege von bunten Hecken

Schnitt

Regelmäßiger Schnitt ist nicht nur bei streng formierten Hecken nötig, sondern auch bei natürlich wachsenden gemischten Pflanzungen, besonders, wenn sie durch reiche Blüte und/oder üppigen Fruchtbehang auffallen sollen.

Regelmäßiges Schneiden sorgt für dichten, buschigen Wuchs. Verzweigung wird angeregt, gleichmäßiges Wachstum gefördert. Blütensträucher danken es mit üppiger Blütenpracht, da Blüten ja nur an jungen Trieben gebildet werden.

Der Schnitt von unformierten Hecken erfordert ein wenig Fingerspitzengefühl, ist aber leicht zu erlernen, wenn man einige wichtige Kriterien beachtet.

Blütensträucher

Blütensträucher werden jedes Jahr kräftig geschnitten, damit ihr Blütenreichtum erhalten bleibt. Dabei unterscheidet man zwischen Frühjahrsblühern wie Forsythien, Weigelien, etc. und Sommerblühern, zu denen beispielsweise Hibiskus oder der Schmetterlingsstrauch *(Buddleja)* gehören.

> ***Blütensträucher – wann schneiden?***
>
> ***Frühlingsblühende Gehölze***
>
> *(Forsythie, Zierkirsche) schneidet man unmittelbar nach der Blüte; sie blühen an den vorjährigen Trieben.*
>
> ***Sommerblüher***
>
> *(Buddleja, Hibiscus, Spiraea) werden im zeitigen Frühling geschnitten, da sie an den neu gebildeten Trieben blühen.*

Bei letzteren entwickeln sich die Blüten an jenen Trieben, die im aktuellen Jahr austreiben. Der Schnitt erfolgt also im zeitigen Frühjahr; man sollte relativ stark auf wenige „Augen" (Triebknospen) zurückschneiden um wenige, aber kräftige Triebe mit großen Blüten zu erhalten.

Bei den Frühjahrsblühern hingegen zeigen sich die Blüten an jenen Trieben, die sich bis zum Herbst des Vorjahres gebildet haben. Der Schnitt erfolgt hier unmittelbar nach der Blüte. (Ausnahmen: Weigelien, Deutzien und Flieder, die durch jeden Schnitt Blüten verlieren)

Auslichtung

Wachsen Sträucher zu dicht, empfiehlt sich ein Auslichtungsschnitt. Das dichte Wachstum mag zwar auf den ersten Blick schön wirken und mehr Sichtschutz bieten, es führt aber zu einer Verkahlung der inneren und unteren Triebe – und wer möchte schon einen dichten „Besen" ohne Blätter in seinem Garten stehen haben? Besonders, wenn Sie einen Garten mit schlecht gepflegtem Altbestand übernehmen, wird Ihnen nichts anderes übrigbleiben, als kräftig auszulichten. Am besten geeignet für eine Auslichtung sind die Wintermonate, da man im blattlosen Zustand die Struktur des Strauchs besser erkennen kann. Zudem nimmt die Pflanze auch größere Schnittwunden nicht so leicht übel, da in der Zeit der Winterruhe der innere Saftstrom der Pflanze nur sehr langsam fließt, Schnittwunden also nicht so leicht ausbluten.

Trotzdem darf man bei größeren Ästen nach dem Schnitt nicht auf eine entsprechende Wundversorgung vergessen.

Schneiden Sie Äste niemals waagrecht, sondern immer schräg ab, damit kein Wasser auf der Schnittfläche stehen bleiben und so Fäulnis verursachen kann. Aus demselben Grund sollten Sie ausgefranste Schnitte, wie sie beispielsweise durch grobe Sägen oder schlecht geschliffene Scheren entstehen können, unbedingt mit einem scharfen Messer (Gärtnerhippe) glatt schneiden.

Beim Auslichtungsschnitt gilt allgemein: weniger ist mehr! Sie sollten nicht von jedem Zweig ein bisschen

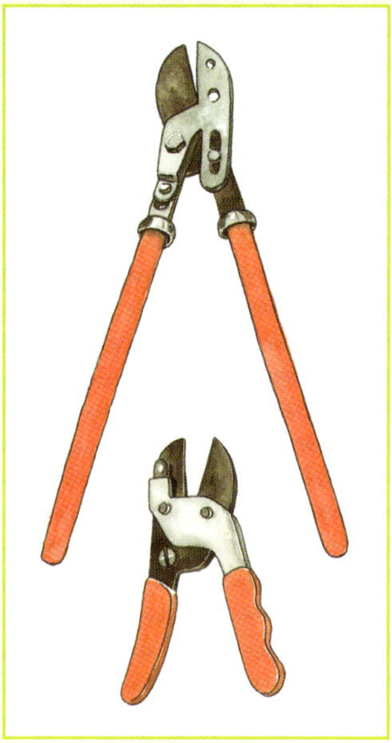

Schnittwerkzeug für frei wachsende Sträucher: Große Astschere und Gartenschere

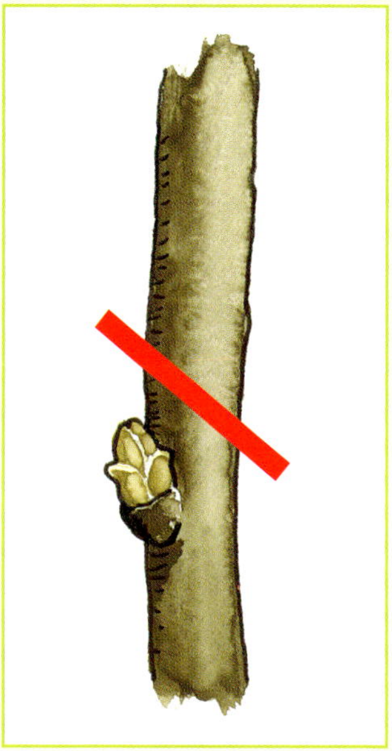

Die richtige Schnittführung bei Auslichtung und Verjüngung: leicht schräg und knapp über einer Knospe

Ein Verjüngungsschnitt ist ein etwas stärkerer Auslichtungsschnitt. Wichtig ist, etliche alte Äste direkt an der Basis herauszunehmen.

wegschneiden, da das in der Regel nur zu einem besenförmigen, unschönen Wuchs führt. Nehmen Sie lieber einzelne Äste zur Gänze heraus, indem Sie diese möglichst bodennahe an der Basis abschneiden.

Stellen Sie sich während des Schnittes immer wieder vor, wie die natürliche Form des Strauchs aussieht. Das Ergebnis sollte dem natürlichen Wuchs möglichst ähneln.

Verjüngungsschnitt
Bei sehr überalteten Gehölzen, die schon Vergreisungserscheinungen zeigen und wenige Blätter und Blüten neu treiben, kann ein radikaler Verjüngungsschnitt angebracht sein. Man nützt dabei die Fähigkeit der Pflanzen, sich auch nach starkem Schnitt wieder gut zu regenerieren.

Diese Schnittmaßnahme ist im Prinzip dem Auslichtungsschnitt ähnlich – einige alte Äste werden ganz herausgenommen, alle übrigen werden kräftig zurückgeschnitten. Auch diese Maßnahme fällt ins Winterhalbjahr.

Düngung
Bei einer gemischten Hecke ist meist kaum künstliche Düngung notwendig. Durch den Laubfall im Herbst findet ein natürliches Mulchen statt, der Kreislauf gibt dem Boden die entnommenen Nährstoffe wieder zurück. Das herabgefallene Laub sollte man also auf keinen Fall wegräumen.

Gutes tun kann man seinem Boden in Form von Mulchen. Der Begriff Mulchen umfasst ganz allgemein das Ausbringen organischen Materials auf den Boden. Dadurch werden Verdunstung und Wasserverbrauch gesenkt. Der Boden trocknet nicht so schnell aus und die Humusschicht wird verbessert. Unkrautjäten kann man sich bei gemulchten Böden sparen und auch Düngung wird überflüssig. Eine Mulchschicht schützt vor winterlichen Frösten.

Gemulcht wird mit Laub (im einfachsten Fall durch das Liegenlassen des Herbstlaubs), getrocknetem Rasenschnitt oder halb fertigem Kompost; die Mulchschicht etwa vier bis acht Zentimeter hoch auftragen.

Gießen
Außer in sehr heißen Sommern oder an extrem trockenen Standorten, wo man besonders bei jungen Hecken ein wenig zusätzlich bewässern sollte, braucht man nur frisch nach der Pflanzung gießen. Eine Bewässerung sollte lieber seltener, dann dafür aber kräftig und durchdringend erfolgen. Gegossen wird der Boden unterhalb der Hecke, sodass der gesamte Wurzelraum durchfeuchtet wird.

HINWEIS

Eine spezielle Bewässerung benötigen Immergrüne vor dem Winter. Hinweise hierzu finden Sie im Kapitel „Pflege klassischer Hecken".

► *Felsenbirnen (Amelanchier spp.) sind resistent gegen Trockenheit, haben geringen Nährstoffbedarf und gedeihen auch in steinigen Böden.*

Naturhecken

Genauso wie gemischte Hecken durch Schnitt oder Wildwuchs verschiedenen Charakter erhalten, können schon beim Anlegen einer Hecke verschiedene Zwecke erfüllt werden. Im Normalfall wird man Pflanzen aus einer Baumschule holen und somit dem eigenen Geschmack Genüge tun. Es gibt aber verschiedene Methoden, eine natürlichere Zusammensetzung einer Hecke zu erreichen.

Zunächst sei die **Sämlingsverpflanzung** genannt. Hierbei werden im Garten oder in der Nachbarschaft aufgehende Sträucher verpflanzt. Die Zusammensetzung der Hecke hängt bei dieser Methode wieder vom Geschmack des Gärtners ab, allerdings wird auf den vorhandenen Bestand zurückgegriffen.

Eine andere Methode ist das Anlegen einer **Benjeshecke**. Benannt ist diese nach ihren Erfindern Heinrich und Hermann Benjes; andere Namen sind: **Schichtholz**- oder **Totholzhecke.** Als Basismaterial dient Strauchschnitt, der mindestens 1,5 m hoch aufgeschichtet wird. In diesem Wall werden erst Kräuter wachsen, nach zirka drei Jahren folgen die ersten Sträucher, die aus mit Vogelkot mitgebrachten Samen keimen. Nach zirka 15 Jahren ist die Hecke nicht mehr von einer gepflanzten unterscheidbar.

Der Vorteil liegt darin, dass die für die ansässige Vogelfauna wichtigen Gehölzarten gefördert werden. Der Nachteil ist, dass nicht von Vögeln verbreitete Arten nur vereinzelt auftreten. Auch werden im verbauten Gebiet, in dem hauptsächlich exotische Sträucher wachsen, diese durch Amseln oder andere Allerweltsarten gefördert, wodurch seltenere Vogelarten benachteiligt werden. Das gezielte Auspflanzen zusätzlicher Wildsträucher kann hier Abhilfe schaffen.

Eine ähnliche Methode ist das Abwarten natürlichen Anfluges ohne Verwendung von Totholz. Die Zeitspanne vom Aussetzen des Mähens bis zur dichten Hecke ist allerdings eine längere als bei der Benjeshecke. Vorteil ist ein ausgeglicheneres Verhältnis zwischen Beerensträuchern und anderen Gehölzen, nachteilig auch hier wieder im verbauten Gebiet der hohe Anteil an Exoten.

Naturhecken, egal nach welcher Methode sie gepflanzt werden, haben anfangs einen großen Anteil an krautigen Pflanzen. Sie sollten belassen werden. Es wird sich eine naturnahe Saumgesellschaft bilden, die im verbauten Gebiet aber artenärmer als im Freiland bleibt, da die Zuwanderungsmöglichkeiten beschränkt sind. Die Samen werden nämlich kaum von Vögeln, sondern je nach Art von Wind, Ameisen oder aus eigener Kraft der Pflanze verbreitet. Eine Zupflanzung bzw. das Ausbringen von Samen aus Säumen der Umgebung ist daher durchaus sinnvoll. Saumgesellschaften setzen den meist im Frühjahr liegenden Flor der Sträucher im Sommer fort.

Für Wildbienen ist eine reichhaltige Saumgesellschaft daher sehr interessant. Um die krautigen Pflanzen nicht negativ zu beeinträchtigen, sollten Naturhecken nicht mit Grasschnitt gemulcht werden, sondern nur mit dem eigenen Herbstlaub.

In etwa zwei Jahren wird diese Naturhecke ihre Funktion erfüllen können und die dahinterliegende Mauer und einen davor verlaufenden alten Oberflächenkanal vollständig abdecken.

Porträts

Felsenbirne

(Amelanchier spp.)

<u>Wuchshöhe:</u> etwa 2 m.
<u>Blüte:</u> Trauben ca. 2 cm großer, weißer Blüten im Frühjahr. Die unspezifischen Blüten werden von Wild- und Honigbienen, Fliegen und Käfern besucht.
<u>Frucht:</u> Die schwarzen, erbsengroßen Scheinbeeren vom Apfeltyp reifen im Juli. Sie sind zum Frischverzehr sowie zur Weiterverarbeitung geeignet und bieten 21 Vogelarten Nahrung.
<u>Allgemeine Beschreibung:</u> Ausläufer treibende Sträucher mit ca. 4 cm langen, ovalen, mittelgrünen Blättern und intensiver Herbstfärbung. Die jungen Blätter der heimischen *A. ovalis* sind wollig behaart, die der kandischen *A. lamarckii* bis etwa zur Blütezeit kupferfarben. Die nordamerikanische *A. spicata* wird ebenfalls häufig kultiviert.
<u>Verwendung:</u> Blüten- und Fruchthecken auch auf flachgründigen, steinigen Böden. Ihr Wert für die Vogelwelt ist bei den exotischen Vertretern nicht geringer als bei der heimischen Art.
<u>Standort:</u> Felsenbirnen sind resistent gegen Trockenheit, haben geringen Nährstoffbedarf und gedeihen auch in steinigen Böden. Schwere und feuchte Böden sowie Stickstoffreichtum sind für die Kalk benötigenden Sträucher von Nachteil. An trockenen Standorten wird etwas Beschattung vertragen.

Berberitze

(Berberis vulgaris)

WUCHSHÖHE: bis 2 m, meist niedriger.
BLÜTE: hängende Blütenähren im Mai/Juni mit Einzelblüten unter einem Zentimeter Durchmesser. Die Staubblätter klappen auf Berührungsreiz in Richtung Narbe. Die Blüten sind sehr nektarreich und bieten neben der Honigbiene noch Hummeln, drei Sandbienenarten, Wespen, Fliegen und Käfern Nahrung.
FRUCHT: rote, längliche, säuerliche Beeren von 1 cm Länge, die im Frischverzehr genutzt werden können und zur Weiterverarbeitung hervorragend geeignet sind. 19 Vogelarten und 5 Säuger nutzen sie als Nahrung. Die Beeren exotischer Arten werden weniger gern gefressen. Die häufige *B. thunbergii* wird nur von 7 Vogelarten besucht und ist für die menschliche Ernährung untauglich.
ALLGEMEINE BESCHREIBUNG: Mittelhoher Dornstrauch mit dreiteiligen Blattdornen und bis 5 cm langen, feingesägten länglich-eiförmigen Blättern. Die bogig wachsenden Zweige stehen auch ohne Schnitt recht dicht.
VERWENDUNG: Blüten- und Fruchthecken bis in Gebirgslagen.
STANDORT: Die Ansprüche der Berberitze sind gering. Kalkreicher Boden wird bevorzugt, Stickstoffreichtum und Feuchtigkeit gemieden.

Sommerflieder

(Buddleja davidii)

Wuchshöhe: bis etwa 3 m.
Blüte: dichte Rispen meist violetter, auch weißer oder roter Stieltellerblüten von Juni bis Frost. Die Einzelblüten sind etwa 2 cm lang. Schmetterlinge, aber auch Hummeln, Honigbienen und Schwebfliegen nutzen den Nektarreichtum vor allem der violetten Normalform.
Frucht: Kapselfrüchte ab August.

Allgemeine Beschreibung: sparrig wachsender Strauch mit breit lanzettlichen, bis 10 cm langen Blättern. In strengen Wintern friert er zurück. *B. x weyeriana* unterscheidet sich durch gelbe Blüten. *B. alternifolia* blüht im Frühsommer aus altem Holz.
Verwendung: Blütenhecken für jeden nicht zu feuchten Standort in tiefen Lagen. Auf mageren Böden sehr frosthart, bei Düngung eine Neigung zum Zurückfrieren. Auf gut versorgten Böden können beachtliche Stammdicken erreicht werden, selbst wenn der Strauch alle paar Jahre zurückfriert und dann innerhalb einer Vegetationsperiode wieder fast 3 m Höhe erreicht.
Standort: kommt auf offenen Böden, z.B. auf Baustellen und Industriebrachen, ja selbst in Mauerritzen rasch aus Samen. Warme, trockene und sonnige Plätze werden bevorzugt. Sogar Böden mit sehr geringem Humusanteil sind geeignet. *B. x weyeriana* eignet sich nur für geschützte Standorte in mildem Klima.

Roter Hartriegel

(Cornus sanguinea)

WUCHSHÖHE: 2–4 m.
BLÜTE: Ca. 1/2 cm breite, weiße Scheibenblüten erscheinen von Mai–Juni in Schirmrispen (Trugdolden). Von Form und Geruch sind es typische Käferblüten, die aber auch von Fliegen und acht Wildbienenarten genutzt werden.
FRUCHT: blauschwarze, erbsengroße Steinfrüchte ab Juli. Sie werden von 24 Vogelarten genutzt. Die weißfrüchtige *C. alba* bietet nur 8, *C. stolonifera* mit gelber Rinde nur 2 Vogelarten Nahrung.
ALLGEMEINE BESCHREIBUNG: Blätter ganzrandig, bis etwa 10 cm lang, mit auffälligen Blattnervenbögen, zugespitzt, im Herbst blutrot. Die im Winter durch die Rinde leuchtend rot gefärbten Äste wachsen relativ steif aufrecht.
VERWENDUNG: Blüten- und Fruchthecken bis in Gebirgslagen.
STANDORT: Der Rote Hartriegel wächst beinahe überall. Kalkhaltiger Boden wird bevorzugt.

Deutzie

(Deutzia-Arten und -Hybriden)

WUCHSHÖHE: je nach Sorte 0,5–2 m.
BLÜTE: weiße bis rosa, oft gefüllte, etwa 3 cm große Blüten in Trauben von Mai bis Juli.
FRUCHT: Die Kapselfrüchte werden nur bei ungefüllten Sorten gebildet und von einer Vogelart gefressen.
ALLGEMEINE BESCHREIBUNG: niedrige Sträucher mit breitlanzettlichen, bis 10 cm langen Blättern. Die Zweige wachsen meist überhängend.
VERWENDUNG: Blütenhecken. Von unten verkahlende Sträucher können wieder mit Deutzien unterpflanzt werden. Die Zweige füllen von selbst entstandene Lücken aus.
STANDORT: jeder normale Gartenboden.

Kriech-Spindelstrauch
(Euonymus fortunei)

☠ ○ ◑ ●

WUCHSHÖHE: bis 0,5 m.
BLÜTE: unscheinbare Fliegenblumen.
FRUCHT: in rotbraunen Kapselfrüchten sind Samen mit orangerotem Samenmantel. Bei uns werden kaum Früchte gebildet.
ALLGEMEINE BESCHREIBUNG: immergrüner Kriechstrauch mit eiförmigen, etwa 5 cm langen, glänzend grünen Blättern. Es gibt viele buntblättrige Sorten.
VERWENDUNG: Unterpflanzung sommergüner Hecken. Wo kleinere Lücken entstehen, wächst die Art etwas höher und kann füllen. Auch Mauerteile und Steine werden efeuartig überzogen.
STANDORT: humose Böden, verträgt Trockenheit schlecht.

Forsythie
(Forsythia x intermedia)

☠ ○ ◑ ●

WUCHSHÖHE: je nach Sorte 0,5–3 m.
BLÜTE: goldgelbe, seltener bis schwefel- oder dottergelbe Glockenblüten von März bis April. Bienenblume.
FRUCHT: in der Hecke selten gebildet, Kapselfrucht.
ALLGEMEINE BESCHREIBUNG: je nach Sorte aufrecht oder als Spreizklimmer (Kletterpflanze ohne spezielle Kletterorgane) wachsender Strauch mit dunkelgrünen, gesägten, ca. 7 cm langen Blättern.
VERWENDUNG: Blütenhecken, Spreizklimmer eignen sich darüber hinaus auch zum Abdecken von Mauern. An der Forsythie leben auch die interessanten Ligusterschwärmer-Raupen.
STANDORT: jeder normale Gartenboden, liebt aber gute Nährstoffversorgung. Auch ein schattiger Standort reicht, allerdings auf Kosten des Blütenreichtums.

Syrischer Eibisch

(Hibiscus syriacus)

Wuchshöhe: ca. 2,5 m.
Blüte: große, schalenförmige Blüten mit bis zu 10 cm Durchmesser in vielen Farben außer Gelb ab Juli. Bienenblume.
Frucht: große, bis 4 cm lange Kapselfrucht.
Allgemeine Beschreibung: mittel- bis dunkelgrüne, dreilappige Blätter an steif aufrecht wachsenden Ästen. Spät austreibender sommergrüner Strauch.
Verwendung: dicht schließende Blütenhecken in vollsonniger, eher trockener Lage.
Standort: jeder normale Gartenboden, aber durchaus auch steinige Böden.

Kerrie, Ranunkelstrauch

(Kerria japonica)

Wuchshöhe: etwa 1,5 m.
Blüte: unspezifische, gelbe Tellerblüten von Mai bis August. Wird fast ausschließlich in der gefüllt blühenden, als Ranunkelstrauch bezeichneten Form kultiviert.
Frucht: bei uns nicht ausgebildet.
Allgemeine Beschreibung: Ausläufer treibender, sparriger, locker wüchsiger, Laub werfender, aber auch im Winter grünästiger Strauch mit mittelgrünen, speerförmigen, ca. 5 cm langen, gerippten Blättern.
Verwendung: Die Kerrie ist wie die Himbeere für geschlossene Hecken nicht geeignet, sondern kann im Saum der Hecke wachsen. Auch eintönige klassische Hecken können mit dem bald nach der Pflanzung blühenden Gewächs verschönert werden. Andererseits ist es der ideale Strauch, wenn es darum geht, eine rasch attraktive Hecke zu pflanzen, die im Laufe der Jahre von langsamaber dicht wüchsigeren Arten verdrängt wird.
Standort: jeder normale Gartenstandort.

Kolkwitzie

(Kolkwitzia amabilis)

Wuchshöhe: 2–3 m.
Blüte: rosa Trichterblüten in dichten, endständigen Büscheln im Mai/Juni. Bienenblume für Honigbiene und Hummeln.
Frucht: kleine Kapseln.
Allgemeine Beschreibung: sehr dichter, überhängender Strauch. Mit bis 7 cm langen, breit lanzettlichen Blättern.
Verwendung: dichte Blütenhecken. Auch ohne Schnitt wächst die Kolkwitzie dicht genug.
Standort: jeder normale Gartenboden. Nährstoffliebend.

Pfeifenstrauch

(*Philadelphus coronarius* und Hybriden)

Wuchshöhe: etwa 3 m.
Blüte: stark duftende, etwa 3 cm große, vierzählige, weiße Blüten in endständigen Trauben von Mai bis Juni. Die unspezifischen Blüten werden von Bienen, Fliegen und Käfern besucht.
Frucht: Im August/September reifen vierteilige Kapseln.
Allgemeine Beschreibung: Strauch mit dunkelgrünen, elliptischen und gezähnten Blättern von bis zu 10 cm Länge an steif aufrecht wachsenden Haupttrieben und bogig abstehenden Seitentrieben.
Verwendung: Blüten- und Dufthecken.
Standort: normale Gartenböden, aber auch steinige Standorte.

Kartoffel-Rose

(Rosa rugosa)

WUCHSHÖHE: 1,5 m.
BLÜTE: unspezifische, purpurne, bis 8 cm breite Tellerblüten von Mai bis September, mit Schwerpunkt Juni. Die duftenden Blüten werden von verschiedensten Insekten – Käfern, Fliegen, Bienen – besucht. Auch zum menschlichen Verzehr geeignet.
FRUCHT: Die Hagebutte ist eine Scheinfrucht, eine Sammelnussfrucht, die in einen fleischigen, essbaren Achsenbecher eingesenkt ist. Die Art hat die größten Hagebutten, die nach dem Entfernen der echten Frucht auch zum Frischverzehr geeignet sind. Die Hagebutten der Heckenrosen werden von 19 Säugetier- und 27 Vogelarten genutzt, bei *Rosa rugosa* sind es vermutlich weniger.
ALLGEMEINE BESCHREIBUNG: Ausläufer treibende, dicht aufrecht wachsende Wildrose mit meist 7-teiligen Blättern. Einzelblättchen gesägt, 2–5 cm lang. Zweige filzig behaart, dicht mit Nadelstacheln besetzt.
VERWENDUNG: als Unter- oder Saumpflanzung in Frucht- und Blütenhecken auch an sehr ungünstigen, aber nicht zu kalkreichen Standorten.

STANDORT: nicht zu kalkreiche, auch sehr magere Böden, bevorzugt Sandböden. Leidet leicht an Kalkchlorose.

Spierstrauch

(Spirea spp.)

WUCHSHÖHE: bis 1,5 m. geschlossener Wuchs, bei lockerem Wuchs höher.
BLÜTE: je nach Art weiße bis purpurne Blüten in Scheindolden bis Rispen, die von Bienen, Fliegen und Käfern besucht werden.
FRUCHT: kleine Balgfrüchte, die vereinzelt von Vögeln gefressen werden.
ALLGEMEINE BESCHREIBUNG: Die Beblätterung der Arten ist sehr unterschiedlich, der Wuchs aufrecht bis leicht überhängend. Alle Arten bleiben recht niedrig.
VERWENDUNG: Die meisten Spiersträucher bilden sehr dichte, klassische Hecken bis zu einer Höhe von etwa 1,5 m, die gerne im städtischen Bereich z.B. zu Parkplatzbegrenzungen eingesetzt werden. In der gemischten Blütenhecke werden viele Arten höher.
STANDORT: jeder normale Gartenboden, aber humose Böden werden bevorzugt.

Schneebeere

(Symphoricarpus albus)

Wuchshöhe: bis 2 m, meist niedriger.
Blüte: unscheinbare, glockenförmige, rosa Blüten von wenigen Millimetern Größe von Juni bis September. Bestäuber sind Hummeln, Bienen, Wespen und kleine Käfer.
Frucht: weiße Steinfrüchte mit bis zu 1,5 cm Durchmesser von Juni bis Dezember. Wird von 12 Vogelarten gefressen.
Allgemeine Beschreibung: Ausläufer treibender, dichtwüchsiger, halbimmergrüner Strauch mit überhängenden Zweigen. Blätter eiförmig, bis 6 cm lang, etwas bläulich.
Verwendung: dicht schließender Fruchtstrauch, der einen guten Unterwuchs abgibt, aber auch hochwüchsig oder für klassische Hecken verwendet werden kann.
Standort: jeder normale Gartenboden, humose Böden werden bevorzugt.

Flieder

(Syringa spp.)

Wuchshöhe: Bis 5 m.
Blüte: dichte Blütenrispen in purpurn bis violett, Zuchtformen in vielen Farben. Der verbreitete *S. vulgaris* blüht im Mai-Juni, andere Arten blühen früher (ab Anfang Mai) oder später (bis Ende Juli). Die Blüten sind nektarreich und werden von Bienen, Hummeln und Schmetterlingen besucht.
Frucht: Kapselfrüchte, die im September reifen.
Allgemeine Beschreibung: Die Beblätterung ist breit herzförmig. Die ausläuferreichen Sträucher sind dichtwüchsig und bilden als Reinbestände schöne Hecken.
Verwendung: dichte Blütenhecke, muss bei gemischten Hecken etwas in Zaum gehalten werden, um nicht andere Arten auszukonkurrenzieren.
Standort: jeder normale Gartenboden, kalkhaltige, schwerere Böden werden bevorzugt.

Gemeiner Schneeball
(Viburnum opulus)

WUCHSHÖHE: bis 3 m, selten 5 m.
BLÜTE: weiße, duftende Schirmrispen (Scheindolden) im Mai-Juni. Es gibt zwei Blütentypen: geschlechtliche Blüten von wenigen Millimetern Durchmesser im Inneren der Scheindolde sind von bis 2 cm großen sterilen und nektarlosen Schaublüten umgeben. Die unspezifischen Blüten werden von vielen Käfern, Fliegen, Bienen und Wespen besucht. Die „gefüllten" Formen, die nur große Schaublüten haben, sind wertlos.
FRUCHT: glänzend rote Steinfrüchte von ca. 1 cm Durchmesser reifen ab September. Sie sind giftig, können aber gekocht gegessen werden. Frisch werden sie von 22 Vogelarten und einigen Säugern gefressen.
ALLGEMEINE BESCHREIBUNG: Die Blätter sind drei- bis fünflappig, bis 12 cm lang und haben eine braunrote Herbstfärbung. Dicht wüchsiger, aufrechter Strauch.
VERWENDUNG: Blüten- und Fruchthecken, auch reine Schneeballhecken.
STANDORT: jeder normale Gartenboden, feuchtigkeits- und nährstoffliebend.

Weigelie
(Weigelia-Hybriden)

WUCHSHÖHE: bis 3 m, je nach Sorte.
BLÜTE: je nach Sorte weiße bis purpurne oder scharlachrote, röhren- bis trichterförmige Blüten von bis zu 5 cm Länge, die in Büscheln in den Blattachseln stehen. Hummelblüten, die von Mai bis Juni erscheinen.
FRUCHT: Kapselfrucht, wird von einer Vogelart genutzt.
ALLGEMEINE BESCHREIBUNG: derb belaubter Strauch mit bogig überhängend wachsenden Zweigen.
VERWENDUNG: gemischte Blütenhecken. Für dichten Wuchs ist regelmäßiger Schnitt erforderlich.
STANDORT: jeder normale Gartenboden.

Index

Index

Legende

Lichtanspruch	Sonne	Halbschatten	Schatten
Wasseranspruch	wenig gießen	normal gießen	stark gießen
Sonstiges	gefährdet	giftig	

Bildquellen

Albertoni: Seiten 70, 71, 76

Böswirth: Seiten 15 (links & rechts unten), 26, 28/29, 31, 32, 33, 34, 45 (unten), 57 (oben), 59, 60 (links & rechts), 63, 72, 77 (unten), 81, 84, 87 (unten), 89 (unten), 91 (unten)

Buchter: Seiten 64 (oben & unten), 65, 66, 67 (links & rechts)

Dietrich: Seiten 9, 14, 83

Forisch: Seite 6/7

Galbavy: Seiten 1 (WH), 35, 43, 45 (oben), 56, 57 (unten links & rechts), 61, 68 (oben & unten), 69, 85, 90 (oben & unten), 92 (unten)

Lierath: Seiten 15 (oben), 17 (alle), 60 (mitte), 92 (oben)

Papouschek: Seiten 13, 73, 75

Praskac: Seiten 3, 39 (links & rechts), 44, 46, 47 (oben & unten), 48 (oben & unten), 49, 50, 51 (oben & unten), 55 (oben), 74, 77 (oben), 86, 87 (oben), 88 (oben & unten), 89 (oben), 91 (oben), 93 (oben & unten)

Strauß: Seiten 2 (WH), 10 (links & rechts), 11, 18/19, 24, 36/37, 38, 42, 52/53, 55 (unten)

Buchtipps

„Hecken im Garten“, G. Pardatscher, Vlg. Eugen Ulmer 1988, ein wertvolles Buch über Hecken aus gärtnerischer Sicht.

Über Naturhecken, Wildsträucher und ihre Bedeutung für die Tierwelt schreibt Reinhard Witt im Kosmos-Naturführer **„Wildsträucher und Wildrosen“**, *Franckh-Kosmos Verlags-GmbH & Co, Stuttgart 1995, ISBN3-440-06884-6*

Wen die Ökologie der Schmetterlinge interessiert, wer nach Bestimmung der Arten die geeigneten Lebensraume für Raupen schaffen will, dem sei Hans-Josef Weidemanns zweibändiges Werk **„Tagfalter“**, *Neumann-Neudamm, Melsungen 1986, ISBN 3-7888-0500-5* wärmstens empfohlen, sofern es noch erhältlich oder in Bibliotheken verfügbar ist.

Ein gutes Nachschlagewerk zu Standortsansprüchen von Wildgehölzen und Saumpflanzen ist **„Natur pur erleben“**, der Katalog der Bioland-Gärtnerei Monika Strickler, der gegen eine Schutzgebühr von DM 10,– erhältlich ist.

Bezugsquellen

Wer vom Standardsortiment Abweichendes sucht, dem sei empfohlen:

Bioland-Gärtnerei Monika Strickler, Lochgasse 1, D-55232 Alzey-Heimersheim, *Tel. ++49/(0)6731/3831, Fax: ++49/(0)6731/3929, e-mail: strickler@t-online.de: Wildstauden und Wildgehölze*

Baumschule Praskac, *Praskacstraße 101–108, A-3430 Tulln/Donau, Tel. ++43/(0)2272/624600, Fax: ++43/(0)2272/63816, e-mail: office@praskac.at; url: www.praskac.at: Umfangreiches Sortiment an Ziergehölzen und Alternativobst*